管理会计中成本管理与控制研究

路善婷 著

天津出版传媒集团
天津科学技术出版社

图书在版编目（CIP）数据

管理会计中成本管理与控制研究 / 路善婷著. -- 天津：天津科学技术出版社, 2024.3
ISBN 978-7-5742-1894-9

Ⅰ.①管… Ⅱ.①路… Ⅲ.①企业管理－成本管理－研究 Ⅳ.①F275.3

中国国家版本馆CIP数据核字(2024)第063137号

管理会计中成本管理与控制研究
GUANLI KUAIJI ZHONG CHENGBEN GUANLI YU KONGZHI YANJIU

责任编辑：王　彤
责任印制：兰　毅

出　　版：	天津出版传媒集团 天津科学技术出版社
地　　址：	天津市西康路35号
邮　　编：	300051
电　　话：	（022）23332377
网　　址：	www.tjkjcbs.com.cn
发　　行：	新华书店经销
印　　刷：	河北万卷印刷有限公司

开本 710×1000　1/16　印张 16.5　字数 220 000
2024年3月第1版第1次印刷
定价：98.00元

前言

在当今世界,企业面临着日益激烈的市场竞争和不断变化的外部环境,这些因素对企业的生存和发展提出了较高的要求。为了应对这些挑战,企业需要不断提高管理水平,优化资源配置,降低运营成本,提高效率和效益。管理会计作为企业管理的重要工具之一,能够为企业提供必要的信息和分析,来支持企业的决策和管理。特别是在成本管理与控制领域,管理会计发挥着至关重要的作用。

本书旨在深入探讨管理会计在成本管理与控制方面的理论和实践,以为企业的成本管理提供理论指导和实践参考。全书共八章,涵盖了管理会计概述、成本管理的基本理论、成本控制的基本理论与实践、成本管理方法、标准成本控制系统的设计与实施、管理会计中的成本分析方法、成本预算与成本控制,以及成本管理与控制和企业战略的协同及未来发展趋势等多个方面。

在本书写作过程中,笔者参考了很多专家学者的研究文献,在此表示深深的谢意!由于笔者水平有限,书中难免存在不足之处,敬请各位读者批评指正,以期日后改进与提高。

目录

第一章 管理会计概述　　1
第一节 管理会计的基本理论　　1
第二节 管理会计的重要性　　13
第三节 管理会计的特点　　19
第四节 管理会计的职能与方法　　29

第二章 成本管理的基本理论　　37
第一节 成本管理的概念与重要性　　37
第二节 成本管理的基本原则　　45
第三节 成本管理的目标　　55

第三章 成本控制的基本理论与实践　　74
第一节 成本控制的定义和目标　　74
第二节 成本控制的方法和技术　　81

第四章 成本管理方法　　93
第一节 标准成本法　　93
第二节 作业成本法　　108
第三节 目标成本法　　122

第五章　标准成本控制系统的设计与实施　129

第一节　标准成本控制系统的基本框架　129

第二节　标准成本控制系统的关键应用　135

第三节　标准成本控制系统的实施　149

第四节　标准成本控制系统的管理　161

第六章　管理会计中的成本分析方法　172

第一节　直接成本和间接成本的区分与分析　172

第二节　变动成本和固定成本的区分与分析　179

第三节　成本分析在决策中的应用　184

第七章　成本预算与成本控制　196

第一节　成本预算在成本控制中的作用　196

第二节　成本预算的编制方法　205

第三节　成本预算的执行　214

第四节　成本预算的控制　224

第八章　成本管理与控制和企业战略的协同及未来发展趋势　236

第一节　成本管理与控制在企业战略中的地位　236

第二节　成本管理与控制和企业战略的协同　241

第三节　优化成本管理与控制以支持企业战略　246

第四节　成本管理与控制的未来发展趋势　249

参考文献　253

第一章　管理会计概述

第一节　管理会计的基本理论

一、管理会计的定义

"会计"有两层含义,一是指会计工作,二是指会计人员。有学者指出,管理会计就是"会计+管理",特指深入参与企业运营管理的会计人员。[①]

在发达国家,管理会计人员不仅是财务报表编制和数据分析的执行者,还是企业决策过程中的重要参与者。区别于财务会计主要面向外部利益相关方,如投资者和监管机构,管理会计更侧重为内部管理层提供运营和战略方面的信息支持。管理会计对于损益表、现金流量表和资产负债表的精细分析,能够揭示成本结构、现金流动和资本运作的多维面貌,从而有助于管理层更加精准地做出生产、投资和融资等方面的决策。

独具特色的是管理会计在财富最大化方面所发挥的作用。管理会计对预算编制、成本分析、投资评估等方面的专业处理,能够使企业具备识别和解释潜在商业机会或风险的能力,从而进一步强化企业竞争优势。

---

① 孙湛.管理会计:业财融合的桥梁[M].北京:机械工业出版社,2020:2.

谨慎性原则的运用体现在风险管理和内部控制活动中，针对可能的不确定性因素和风险，管理会计可以设计和实施一系列控制机制以确保企业资产的安全和有效运营。

价值创造与可持续发展是管理会计实践中不可或缺的维度。一方面，管理会计可以助力企业实现短期内的经济效益优化；另一方面，管理会计着眼于长期战略目标，以推动企业持续、健康地发展。因此，管理会计不仅是一种财务管理手段，还是一种综合性的管理哲学，其内涵和外延远超出单纯数字和报表的范畴。

二、管理会计的基础理论

管理会计在本质上是一个管理控制系统，其理论涉及一般系统理论、机制设计理论和行为科学理论。[①]

（一）一般系统理论

管理会计的一般系统理论源于20世纪20至50年代由美国生物学家路德维希·冯·贝塔朗菲（Ludwig Von Bertalanffy）、数学家克劳德·艾尔伍德·香农（Claude Elwood Shannon）和诺伯特·维纳（Norbert Wiener）所创立的系统论、信息论和控制论，代表了人类在认识论和方法论上的重要进展。按照该理论，世界上的事物均可视为由多个元素构成并拥有明确功能的整体，即系统。这些系统是相对的，可以被分解成无数子系统。每个系统都有其功能或目的，且这些功能或目的是通过反馈机制来达成的。系统的反馈机制是一个核心的监控过程，涉及测量系统的运行状态、观察控制者与被控制者之间的信息交换状况，以及修正系统运行状态与预定目标之间的偏差。在此基础上，管理会计被视为管理控制信息系统，涵盖了上级（控制者）和下级或员工（被控制者）两个主体，以及企业运营目标的设定与目标执行的监控两个核心要素。

---

① 李冰，张显瑞. 管理会计[M]. 吉林：吉林人民出版社，2020：18.

（二）机制设计理论

2007年诺贝尔经济学奖得主里奥尼德·赫维克兹（Leonid Hurwicz）、埃里克·马斯金（Eric Maskin）和罗杰·迈尔森（Roger Myerson）创立的机制设计理论，主要探讨在特定的经济或社会目标下，如何构建一个机制（如规则和制度），使参与经济活动的个体在追求其个人利益时，也能与机制的既定目标保持一致。机制设计理论强调有效的社会经济机制应涵盖两个要素：信息与激励。这两个要素解决的分别是信息效率问题与激励相容问题。信息效率关注信息的种类和数量，目标是使信息成本最小化。而激励相容则涉及如何通过特定激励确保经济活动的参与者既追求个人利益，也实现机制设计者的预期目标。

一般系统理论的应用不局限于人类社会，但并未专门针对社会系统进行研究。而机制设计理论正是对社会经济机制的探讨。由于机制本质上是一个系统，因此结合一般系统理论与机制设计理论对管理控制系统进行研究十分合适。在此背景下，对于管理控制系统，机制设计理论自然地引入了激励这一要素。这一理论进一步推导，只要在机制或管理控制系统设计中保证控制者与被控制者，以及他们与设计者目标之间的激励是相容的，那么控制者和被控制者将全力以赴实现管理控制系统的目标。这揭示了社会经济系统机制的特性，即在激励相容的条件下，系统或机制的运行状态与系统目标之间的差异调整，可以从原来的外部干预转变为被控制者的自主行为。这意味着激励为管理控制系统目标的实现注入了动力，导致被控制者的行为从被动变为主动，态度从消极变为积极，使管理控制系统转化为一个自动或半自动的机制。

（三）行为科学理论

行为科学理论是专注于研究人类行为的理论和方法，其中心理学、社会学和经济学与之高度相关。特别是心理学中的"行为学派"，其认为个体行为是个体所处环境与个体特征的互动效应，在数学上被视为一种复合函数。依此理论，将管理控制系统人性化，可以深入探索系统内控制者与被控制者的互动行为，以及管理控制系统的环境决定因素和系统运行的后果。环境决定因素主要涉及内部和外部环境的相关变量，而系统运行后果则涵盖经济、心理和社会方面的影响。

基于上述理解而为管理控制系统构建的基本框架如图1-1所示。系统决定因素塑造了管理控制系统，并进一步影响系统的运行后果。对于管理会计系统来说，管理会计系统的作用不仅受到自身完备性的制约，还与环境因素有关。在不同的环境中，不同的管理会计系统可能产生相似的结果；而相同的管理会计系统在不同情境下可能产生不同的结果，这很可能受到竞争或垄断等环境因素的影响。

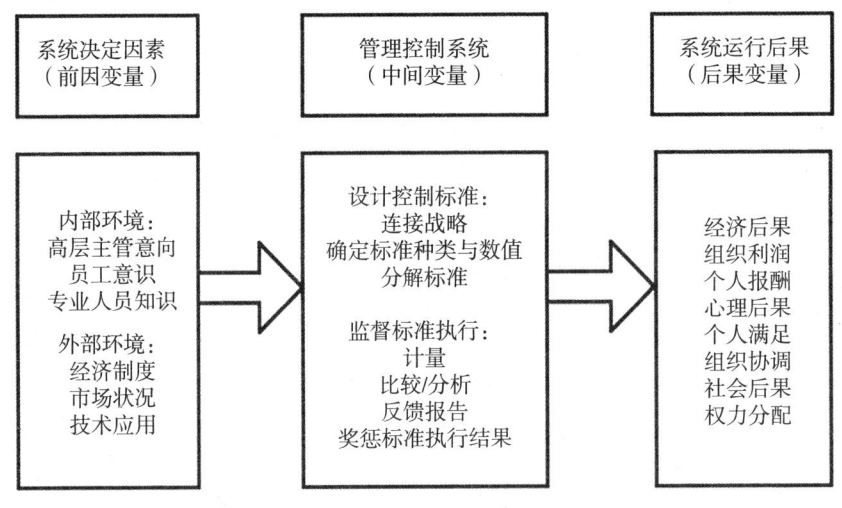

图1-1 管理控制系统基本框架

三、管理会计的目标

管理会计是为企业加强内部经营管理、提高企业竞争力的需要而产生和发展起来的，因此管理会计的最终目标是提高企业的价值创造力，推动企业实现战略规划。[①] 其目标有如下两方面。

---

① 袁水林，张一贞. 管理会计[M]. 上海：上海财经大学出版社，2018：7.

（一）为企业管理和决策提供信息

管理会计在为企业管理和决策提供信息方面具有至关重要的作用。这一角色不仅涉及信息的生成和提供，还包括信息质量的多个维度，从相关性、准确性到一贯性、客观性再到灵活性、及时性、简明性、成本效益性，每一特性都服务于企业管理的更高目标。

相关性的重要性在于它确保信息对决策有直接的影响。管理会计不是一个孤立的活动，而是与组织目标和战略紧密相连的。因此，其输出的信息需与企业战略和短期操作计划相符合，确保管理层能基于这些信息做出有针对性的决策。准确性则保证这些决策不会基于错误或误导性的数据而做出，从而避免可能的负面影响。一贯性和客观性的要求则是为了信息的可比性和可靠性。在长时间跨度或多个业务单元之间，统一的规则、程序和方法使信息能被准确地对比和解读。这种可比性对于企业内部的绩效评估和激励机制具有重要意义。灵活性、及时性、简明性和成本效益性共同服务于信息的应用价值。灵活性确保信息能满足不同管理层次和功能部门的需求，减少信息冗余，提高信息的使用效率。及时性使管理层能够迅速应对市场变化或内部问题，不会因信息滞后而错失良机。简明性则有助于信息的快速传递和理解，减少信息歧义。成本效益性则是所有信息活动的终极考量，其核心在于如何在有限的资源约束下，获取有价值的信息，以支持有效的决策和控制活动。

因此，在为企业管理和决策提供信息这一分目标中，管理会计可实施一套全面而细致的体系，通过高质量的信息支持，来促进企业目标的实现。这一体系并非僵化或单一，而是需要不断地根据组织目标、外部环境和内部需求进行调整和优化。

（二）参与企业的经营管理

参与企业经营管理是管理会计的目标之一。在企业的管理循环中，管理会计与企业的各项决策和活动密切相连，构成了一种复杂的相互作用和反馈机制。

决策与预算编制环节需要管理会计与企业战略的直接融合。在确定经营目标后，管理会计负责为这些目标提供可量化、可执行的财务框架。预算不仅是对未来活动的预测和规划，还是一种责任和期望的明确表示，为后续的内部控制和业绩评估提供基础。

在目标分解与责任会计制度建立环节，管理会计起到沟通与协调的作用。将高层目标细化到各个业务单元和功能部门，不仅需要精细的数据分析和预测，还需要建立一套完备的责任会计制度，以明确各单位在达成整体目标中的具体职责和期望绩效。

内部控制环节则是管理会计实施体系中的风险管理和质量保证部分。一系列的检查与平衡机制，如预算控制、成本分析和现金流监控，可以确保企业资源的合理分配和利用，同时防范潜在的财务和操作风险。

通过与责任会计相结合的绩效指标和考核机制，管理会计不仅评价过去，还为未来提供信息和建议。这些活动旨在通过对过去活动的系统分析和评价，提炼有价值的经验和教训，从而为未来的业务规划和决策提供更为精准和可靠的依据。

四、管理会计的研究对象

（一）现金流动

在学科研究对象的选择上，现金流动具有广泛性和贯穿性，几乎涵盖了管理会计所有环节，包括成本控制、资金配置、收益分析等。因此，以现金流动为核心，可以建立一套更为一致和集成的管理会计体系，有助于打破信息孤岛和减少决策失误，提高管理效率和准确性。

现金流动还具有高度的综合性和联动性，能够把企业生产经营中的资金、成本、利润等多个方面紧密联系起来，为企业提供一种全面和动态的视角。这种综合性信息不仅有助于精确地评估各个业务单元和项目的经济效益，还为管理者提供了全局性的决策支持。例如，在战略规划和资源配置过程中，对现金流动的精准预测和分析可以显著降低不确定性和风险，增强企业的适应性和竞争力。

现金流动作为一个高度敏感的指标，能够迅速反映外部环境和内部运营的变化，对各个管理环节，包括规划、决策、控制和评价都有即时和显著的影响。在面对复杂和快速变化的商业环境时，现金流动的敏感性使其成为一种较为有效的早期预警和调整机制，有助于企业快速识别问题、优化策略并及时做出调整。

（二）价值差量

价值差量为管理会计提供了一个以价值创造和优化为中心的研究和实践框架，具有多维和动态的特点。价值差量主张，管理会计的核心不仅仅局限于财务数据的记录和汇总，更在于通过价值差量的深入分析，推动企业战略目标的实现。

价值差量作为管理会计的关键研究对象，在成本性态分析、盈亏临界点计算、资本支出决策等多个方面有广泛的应用和解释力。例如，在成本性态分析中，识别和量化固定成本和变动成本之间的价值差量，能够更精确地评估生产和经营活动的经济效益。在资本支出决策中，对投资项目未来产生的现金流和成本之间的价值差量进行精细化分析，有助于优化资源配置，提高投资回报率。价值差量的综合性体现在其能够整合实物差量和劳动差量等多个层面的信息，为企业管理提供一种全面和系统的评价指标。在经济全球化和信息化的商业环境下，企业面临着多元化的市场需求和复杂化的供应链结构，需要对各个环节和要素的价值贡献进行精细化管理和协同优化。

（三）资金总运动

资金总运动提出了一个全面而宏观的视角，以企业资金流动的全过程为研究对象，强调对企业在不同时空维度中的资金运动进行持续和综合的分析与管理。这一观点不仅延伸了管理会计的研究范围，还为其与财务会计的区分提供了明确而合理的依据。

资金总运动的核心理念在于，与财务会计不同，管理会计不仅关注历史和现时的资金运动，还着眼于未来的资金流。这一广度使管理会计能够更为全面地参与和影响企业的战略规划与实施。比如，在项目投资决策中，不仅需要考量当前的资金状况和历史投资回报，还需对未来的现金流进行预测和评估，以确保项目的长期可持续性和营利性。

资金总运动也与管理会计的历史发展和实践有着紧密的联系。资金总运动作为一种涵盖了不同时间和空间维度的复合指标，能够准确地反映企业经营活动的复杂性和多变性。这不仅有助于提高资金使用的效率和经济性，还能为企业管理提供一个更为宏观和战略性的决策支持工具。资金总运动作为管理会计的研究对象，实际上是企业生产经营活动价值运动的一种具体表现形式。从这一角度来看，资金总运动和价值差量两个概念并非相互排斥，而是可以相辅相成的。在企业管理的多个环节和层面，通过综合运用这两种理论，能够更为准确和全面地评估和优化企业的经济效益和社会价值。

五、管理会计的基本假设

所谓管理会计假设，是会计人员对那些未经确切认识和无法正面论证的经济事务和会计事项，根据客观的正常情况和趋势所做出的合乎情理的判断与解释。① 管理会计假设有其存在的必要性，同时有很多方面需要进行研究和补充完善。其原因是管理会计假设不仅是构成管理会计

---

① 袁水林，张一贞. 管理会计 [M]. 上海：上海财经大学出版社，2018：9.

完整理论体系的重要组成要素，还是实现管理会计目标的条件，更重要的是它在管理会计的实践方面有指导作用。

（一）会计主体假设

会计主体假设对于管理会计的活动范围与立场设定具有显著的限定性。管理会计作为一种为企业内部管理人员提供选择性、特定性及部分管理信息的内部会计形式，其主体性质呈现出层次分明的特点。此种层次性意味着，尽管管理会计的主体可能涵盖整个企业，但其更为常见的是企业内部的各个责任单位。这种层次性和责任性的结合，为管理会计提供了深入每个责任单位，甚至是具体作业层面的可能性。

（二）持续运作假设

持续运作假设在管理会计理论与实践中占据重要地位，其基础理念在于企业及其各责任单位的生产、经营、筹资与投资活动将无限期延续。这一假设为企业提供了一个相对稳定的分析框架，以便执行如预测、决策、控制和业绩评价等管理活动。该假设的存在确保了管理会计的各项工具、模型和方法能在一个预设的、连续不断的运营环境下应用，进而保证其可靠性和有效性。在现金流量与贴现方法方面，持续运作假设具有关键作用。如果企业或某个责任单位不能持续运作，即其生命周期有明确的终结时间，那么现金流量的预测将会受到影响，因为将来的现金流入和流出都会在预定的时间点停止。贴现的方法用于确定投资项目优劣的适用性也会遭到质疑，因为贴现率的选择与企业预期持续时间有着直接关系。在这种情况下，单一贴现率可能不再适用，因为其并不能准确反映企业短期和长期的资金成本。持续运作假设还为财务报表的编制提供了基础，使企业可以更准确地评估资产负债表和损益表中各项内容的真实价值。如果缺乏这种假设，评估就应基于企业或某个责任单位的实际运作周期，而这种周期通常难以精确预测。这样不仅会增加会计信息处理的复杂性,还可能导致信息失真,从而影响管理决策的质量。

(三)会计分期假设

会计分期假设是对企业持续运营的一个细致解构,其目的在于通过把长期的生产、经营、筹资和投资活动分解为短期或定期的会计周期,提供及时和有用的管理信息。这一假设符合时间价值的经济原理,即货币在不同时间点具有不同价值,以及信息在管理决策中的即时性要求。

会计分期假设关注的是微观层面的时间细分,以满足不同时间尺度下信息的需要。在这一假设下,企业不仅可以根据外部报告需求(如月报、季报、年报)进行分期,还可以根据内部管理的具体需求灵活设定分期周期。这种灵活性有助于满足不同管理层次和职能部门对信息的多样化需求,从而实现更有效的资源配置和决策。通过将一个长期的经济活动划分为更短的时间段,企业可以更准确地测量、分析和控制各项经济活动,从而更有效地进行预算编制、成本控制、绩效评估等管理任务。例如,如果某个责任单位的经营周期被细分为更短的时间段,那么对这些时间段内的收入、成本和利润等关键指标的监控将更为精确,因而有助于及时识别问题、进行调整、提高整体运营效率。不同于外部财务报告多受法规约束和格式限制,内部报告可以根据会计分期假设进行更为灵活和多样的编制,以适应企业内部多样化的信息需求。这不仅提高了报告的实用性,还体现了管理会计在促进有效决策方面的价值。

(四)货币时间价值假设

货币时间价值假设在管理会计中起到关键作用,尤其在预测、决策、控制和预算编制方面展现出其不可或缺的重要性。该假设源于金融学中的基本原理,即相同数量的货币在不同时间点具有不同的价值。该假设在长期筹资和投资决策中扮演着至关重要的角色。在评估投资项目或资金需求时，简单地将未来现金流量与当前现金流量等量对比是不合适的。而应用货币时间价值的概念，如净现值和内部收益率等评价指标，可以使长期项目的现金流量按照某一贴现率进行现值化，从而准确地反映出资金在时间维度上的变动价值。

从管理控制的角度来看，货币时间价值假设也是至关重要的。企业内部的资金流动性和有效利用直接关系到资本的保值和增值。任何形式的资金停滞，无论是固定资产的闲置，还是生产不配套导致的半成品和成品积压，都将威胁到资金的时间价值。这意味着，企业应致力实现资金的有效周转，避免资本沉淀和价值流失。

货币时间价值假设对预算编制的影响也不容忽视。传统的预算编制往往侧重静态预算，忽视了货币的时间价值。这种做法可能导致未来现金流的估算出现偏差，从而影响企业资源的合理分配和决策的质量。然而，现代预算编制更注重动态性，其基础就是货币时间价值假设。这种预算方式不仅能准确反映未来的现金流向、现金流量和现金存量，还有助于准确评估企业和各责任单位的工作业绩。

（五）成本性态可分假设

成本性态可分假设为管理会计提供了一种理论框架，该框架将企业成本划分为固定成本和变动成本两大类，以便进行更为精细和系统的管理分析。此种分类法可应用于多种管理会计工具和方法，包括但不限于本量利分析法、弹性预算编制方法和标准成本差异分析方法。例如，管理者通过对成本性态的划分，可以更为准确地计算边际贡献，进而进行边际贡献分析，以优化生产决策和提高经营效率。成本性态可分假设是建立在"一定期间和一定业务量范围内"的前提下的，也就是说，当经营活动的规模或时间范围发生变化时，原本视为固定的成本也可能发生相应的变化。实际操作中常见的混合成本，即既含有固定成本又含有变动成本的成本，进一步增加了这一假设的复杂性。在决策过程中，混合成本通常需要通过某种方法（如最小二乘法）进行分解，但这样的分解往往带有一定程度的主观性和偏差。

（六）目标利润最大化假设

目标利润最大化假设作为管理会计中的一个核心原则，倾向于将利润最大化视作企业经营活动的终极目标。这一假设在多种决策分析模型中都有体现，如投资决策的净现值分析、成本收益分析和定价策略等。其基础逻辑在于，当企业实现利润最大化时，资源的配置将达到最优状态，从而实现社会福利的最大化。这一目标并非简单的短期利润最大化，而应是长期的、可持续发展的利润最大化，这样才能更全面地反映企业价值和实现利益相关者的期望。

目标利润最大化假设并不是一个绝对或者普适的原则，其实际实施往往受多种因素的制约。首要的制约因素是信息的不完全性和不对称性。即便在高度发达的信息技术支持下，企业仍然很难获取所有与决策相关的信息，或者准确地预测未来市场变化和风险。同时，该假设受到决策者主观意愿的影响，这往往导致实际决策偏离理论上的最优解，因为人们在决策过程中可能受到多种非理性因素（如情感、偏见或者社会压力等）的影响。

（七）风险价值可计量假设

风险价值可计量假设为管理会计中的决策分析提供了一个数学模型和计算框架，以帮助管理层在面对不确定性时做出更加合理和量化的决策。此假设基于概率论和统计学，通过为各种不确定因素赋予量化的风险值，进而将复杂的不确定型决策转化为可计算和可分析的风险型决策。具体的量化方法包括概率分布函数、蒙特卡洛模拟和各种风险衡量指标。该假设在投资决策、供应链管理、项目评估等多个方面都有广泛应用。在资本预算的决策过程中，风险价值可计量假设可能引导决策者运用净现值法并引入风险调整贴现率,以更准确地反映项目的风险性和收益性。这种量化的方法不仅提高了决策的精度,还提供了一种标准化的方式,便于不同投资项目或策略之间的比较。

虽然风险价值可计量假设为管理会计提供了一个有力的工具,但其应用仍受制于多个因素。该假设常常依赖于历史数据和统计模型,但这些模型并不能完全捕捉未来的不确定性和市场变动。量化风险也可能会导致决策者过度依赖数学模型,而忽视了其他如经验判断、道德考量和企业战略等非量化因素。因此,虽然风险价值可计量假设具有重要的应用价值,但在实践应用中应当谨慎地与其他分析方法和视角相结合,以实现更全面和平衡的决策。

第二节 管理会计的重要性

一、管理会计的产生和发展

管理会计的演变与经济发展模式和管理理念的转型密切相关。20世纪初,自由竞争资本主义逐渐向垄断资本主义演变,企业规模扩张,生产过程复杂化,市场竞争加剧。在这一时期,个体工厂主的经验管理无法适应现代企业运营的复杂性和多样性,因而出现了由专门的经理人员按照股东意志进行科学管理。在这一阶段,美国管理学家泰勒(Taylor)的科学管理理论具有里程碑意义。其在1911年发表的《科学管理原理》一书中系统阐述了在基于劳动过程和作业成果的具体记录、计算基础上,科学地安排工序、制定作业效率的测量标准等方面的管理思想。

随着第二次世界大战后资本主义经济的转变,生产规模进一步扩大,资本集中度提升,市场竞争愈发激烈。在这样的大背景下,企业成功与否往往取决于其应变能力和决策精准性。此时,仅依赖泰勒的科学管理方法,忽视企业未来规划和人的积极性,将难以保持企业的生机和活力。

管理会计在这一阶段开始展现其重要性。不仅仅是"标准成本制度""预算控制制度"和"差异分析制度"成为管理会计体系的核心组成部分，还有多种现代会计理论和实践手段也逐渐被引入。管理会计更多地从宏观角度进行战略规划，包括市场定位、产品生命周期分析以及供应链管理等。管理会计也逐渐注重内部管理，如企业文化、人力资源的绩效评价，以及如何通过内部机制激励员工创新和提高工作效率。

20世纪50年代后，科学技术的迅速发展、新兴产业的兴起、资本的高度集中以及通货膨胀和银根紧缩等多重因素催生了股份公司这一组织形态。在股份公司内部，财产所有权与经营权的分离现象显著，经营管理主要由专业经理人员承担，而股东与债权人更多关注股金分红及投资回报。在这一环境下，经理人员面临着复杂的决策任务，包括但不限于企业运营的科学决策和控制，以及资本的高效利用与周转，目的在于增强企业活力，实现盈利最大化，并满足与企业有利害关系的外部部门的信息需求。

在这一背景下，会计的职能出现了明显的双向发展趋势。一方面，会计需要为企业外部与其有利害关系的部门提供准确、及时和可靠的资本周转和财务信息；另一方面，会计也逐渐被视为决策支持工具，负责对未来进行精准预测，科学规划现状，并严格控制目标执行。为适应企业经济活动的科学预测与决策需求，数学技术和数理统计方法逐渐融入会计科学，拓宽了会计的管理职能并形成了偏重于企业内部管理的会计体系。这构成了管理会计从财务会计中分离出来的经济基础与历史原因。尤其是1952年世界会计学会年会的正式认可，使"管理会计"这一专门名词得以确立，相对应的传统会计部分则被称作"财务会计"。

20世纪70年代，管理会计师协会在美国成立并出版了专门的管理会计刊物，这一学科也逐渐走上教育讲台。管理会计与财务会计的区别逐渐明确并走向制度化。到了1980年，各国会计人员协会在法国巴黎举行的第一次欧洲会议进一步推动了管理会计的应用与推广。

这一系列演变不仅标志着会计科学进入了一个全新的发展阶段，而且预示着随着现代科学技术的不断进步，管理会计的理论和方法也将持续得到充实与完善。这无疑进一步确认了管理会计在企业决策与运营中的关键性角色，也对管理会计未来的研究和应用提出了更为丰富和复杂的挑战。

二、管理会计重要性的体现

管理会计是会计与管理的直接结合，它利用财务会计及其他信息资料，采用一系列现代化管理的专门方法（会计的、统计的、数学的方法），对未来经济活动进行预测和决策，确定目标，编制计划（预算），在执行过程中进行控制，考核和业绩评价，目的是调动积极因素，取得最佳的经济效益。[①] 管理会计的重要性主要体现在以下几个方面。

（一）管理会计直接服务于企业的内部管理，其实质是会计与管理的直接结合

管理会计作为一种特殊的会计体系，致力于为企业内部管理提供必要的财务与非财务信息。相较于财务会计，管理会计更加强调前瞻性、战略性和可操作性。该体系不仅在财务数据的搜集与分析上具有针对性，还涵盖了市场动态、人力资源、生产流程等多个方面，以满足内部管理的多元化需求。

在计划与决策层面，管理会计通过对企业各项活动进行详尽的成本效益分析，协助管理者制定具有战略意义的长期与短期计划。决策会计作为管理会计的一个重要组成部分，着重于为各类管理决策提供经济效应的定量评估。这包括投资决策、融资策略和产品定价等。这些决策通常需要综合多方面的信息与变量，而管理会计为这一复杂的决策过程提供了科学的、结构化的方法。

---

① 乐艳芬.管理会计[M].3版.上海：上海财经大学出版社，2012：1.

在控制与责任方面,管理会计采用了责任会计这一核心机制,以确保实施阶段的各项计划与预算能够得到有效的执行与监控。在这一过程中,管理会计不仅追踪财务指标,还对非财务指标进行综合评估,以对组织内部各个业务单元的绩效进行全面审视。当计划与实际执行出现偏差时,管理会计可提供针对性的改进措施,包括重新分配资源、调整目标或是优化流程等,从而确保组织目标的顺利实现。

管理会计可以视为会计与管理活动的直接结合,其目标不仅仅在于数据的准确记录与报告,更在于通过对数据的深度分析与应用,促进企业目标的达成。这一体系的成功运用能大幅提升企业的竞争力,优化资源配置,最终实现可持续的经济效益。

(二)管理会计活动的进行主要依赖于财务会计信息

管理会计与财务会计在信息结构和应用方面存在内在的相互依赖性。财务会计信息包括收入、成本、资产和负债等。这些财务数据经过适当的分类、调整和解释,可以转化为对企业内部管理具有指导意义的信息。也就是说,财务会计信息是管理会计分析的基础数据源。

在预测与决策环节,财务会计信息提供了多维度的视角以评估企业经营活动的经济性能。管理会计可基于这些信息,进一步运用诸如现金流量分析、敏感性分析和随机模拟等分析方法进行分析,以便为企业战略规划和资源配置提供科学依据。控制与考核阶段亦不例外。实际财务表现与预设目标之间的偏差分析是评估组织效能的关键环节。这通常涉及对财务会计信息进行深入的挖掘和解读,以便找出偏差的根本原因,从而为修正措施提供方向。各类预算、标准成本和其他财务指标,往往基于财务会计数据来制定和调整。

管理会计并不仅局限于财务数据。为了全面反映和解释企业活动的复杂性,管理会计还需要纳入市场信息、操作数据和人力资源等非财务性信息。这些信息与财务数据相结合,能更为准确地捕捉到企业经营的全貌。一方面，缺乏财务会计信息的支持，管理会计活动将面临基础不稳、方向不明的风险。另一方面，如果管理会计分析产生的经济效益不能在财务会计中得到反映，那么管理会计的价值也将受到质疑。

（三）管理会计的技术方法很多，以经济数学方法为主导

管理会计在分析和决策制定过程中会采用多种技术方法，其中以经济数学方法，尤其是运筹学为主导。运筹学提供了一套系统化、数学化的工具和框架，用于对复杂的经济活动进行模型化和量化。它通过对多个变量和制约条件进行同时考虑，为管理决策提供更加精确和全面的分析基础。

运筹学在管理会计中的应用不仅涉及基础的线性规划、网络流和队列论，还涉及更为复杂的非线性规划、随机模型和多目标优化等。这些工具和模型能够揭示不同经济因素之间的内在联系和数量关系，从而帮助识别最优或近似最优的决策方案。差量分析作为管理会计的一种基本分析方法，也多采用经济数学的手段。无论是成本性态分析、本量利分析、边际成本分析，还是成本效益分析和现值法，这些具体的分析方法都倾向于用数学模型来表示变量间的关系，以求在决策中达到成本最小化或效益最大化。

这种侧重于经济数学方法的技术取向并不排除其他分析手段，例如会计方法和统计方法。然而，由于经济数学方法在处理复杂系统和多变量决策问题方面具有独特的优势，其在现代管理会计体系中占据主导地位是合乎逻辑的。这一方法论的广泛应用不仅提升了管理会计在企业内部管理中的实用性，还加强了管理会计作为一门独立学科的理论深度和广度。

（四）管理会计能够对企业的经营管理活动进行规划、控制和评价

管理会计的实用性在于其能够通过规划、控制和评价三个维度，全

方位地影响和推动企业的经营管理活动。在规划维度中，管理会计尤其重要，其目的在于通过深入的分析和预测，为企业提供有关未来业务环境、市场需求和资源配置的科学依据。这种前瞻性的规划往往包括成本效益分析、市场进入战略、资本预算等多个方面，其最终目标是确定最优的、符合企业整体战略目标的具体经营计划。在控制维度中，管理会计主要聚焦于实施阶段的跟踪和监督。一旦规划确定并经过决策机构的批准，接下来就是要确保这些计划得以准确、高效地执行。这通常涉及对预算的严格控制、对业绩指标的持续监测，以及对偏离预定目标的情况进行及时的纠正。在这一过程中，管理会计不仅需要密切关注财务数据，还需要关注非财务性指标（如生产效率、客户满意度等），以进行综合评价。评价维度则关注的是对已经完成的或正在进行中的项目和活动进行后评价①。这里的核心任务是清晰地界定责任和业绩，识别哪些活动或决策导致了预定目标的实现或未实现。通过对过去的评价，管理会计可以为未来的决策提供宝贵的经验和教训。

综合以上三个维度，管理会计在企业经营管理活动中担当着至关重要的角色。管理会计通过对未来进行精准规划，帮助企业在复杂多变的经营环境中制定出最具经济效益的战略目标；通过对现阶段活动的严格控制，使这些目标得以有效实现；通过对过去的全面评价，为企业的持续改进和发展提供有力支持。

（五）管理会计是以现金流量为特定对象的

现金流量作为企业经营活动的基础和核心，具有明显的量化和时间特性，因此在管理会计的各个功能模块中占据着特殊地位。现金流量分析在管理会计中被认为是高度综合性的一环，能够同时反映企业在资金配置、成本控制和盈利能力等多个方面的实际情况。对现金流量的分析，

---

① 后评价是指在项目已经完成并运行一段时间后，对项目的目的、执行过程、效益、作用和影响等进行系统、客观的分析和总结的一种技术经济活动。

不仅可以评估企业短期的流动性和偿债能力,还能对企业的长期发展战略和投资决策提供关键指标。对现金流量的监控和分析,实际上是管理会计在进行一种多维度的综合评价,该评价涉及现金流入和流出的量级、时序性、构成等多个方面。例如,通过现金流量表可明确资金来源和用途,进而识别可能存在的资金缺口或过剩现象。现金流量的时间价值分析还能够揭示企业未来潜在风险和机会,为资本预算和财务策略的优化提供依据。

(六)管理会计重视数学模式和定量分析方法,以及人的主观能动作用

管理会计的多维性,表现在其不仅强调数学模式和定量分析方法,以为企业提供准确、客观的决策依据,而且注重人的主观能动作用,特别是在组织行为和人际关系方面。数学模式和定量分析方法在复杂问题解决和决策优化中具有不可忽视的作用,而它们的局限性在于无法全面捕捉到人类行为的非理性和复杂性。因此,在管理会计的实践中,与人相关的因素常常被赋予重要地位。对于激励和人际关系而言,管理会计更多的是从组织心理学和行为经济学的视角进行理解和操作的。适当的激励机制设计和有效的人际关系管理,可以大幅提升员工的工作积极性和主动性,从而在企业实现经济效益最大化的过程中起到推动作用。调动员工的积极因素不仅涉及物质激励,还包括对员工职业发展、工作满足度、组织归属感等多个心理维度的积极影响。因此,管理会计在强调数学模式和定量分析的同时重视人的心理和行为因素,旨在通过对这两个维度的综合管理,达到优化资源配置、提高经济效益的目标。

第三节 管理会计的特点

管理会计与财务会计虽然均属于会计学的范畴,但是各有其特点。

要充分发挥管理会计的职能作用，必须明确管理会计的特点，而要掌握管理会计的特点，需要了解管理会计的属性及其与财务会计之间的关系。①

一、管理会计的属性

（一）管理会计的工作属性

管理会计在现代企业体系中定位于决策支持系统的核心组成部分，结合其辅助性与专业性的工作属性，可以对决策过程及其执行产生深远影响。在决策信息流的生态系统中，管理会计的功能不仅局限于财务信息的收集与分析，还涉及如何将这些信息转化为具有决策价值的智能输出。

辅助性体现在管理会计并非决策的制定者，而是通过信息整合与分析，为决策人员提供科学、客观的建议。这一过程常常涉及对不确定性和复杂性的量化处理，以及对各种决策选项的风险与收益的系统评估。

专业性体现在管理会计在知识、技术和伦理方面的专长。这一属性确保了信息的质量和准确性，从而使决策更为科学和可靠。管理会计人员通常具备深厚的财务知识、数据分析能力，以及对企业运营模式和业务环境的深刻理解。这些专业能力使其能够识别关键的业务驱动因素，进行成本效益分析，以及构建预测模型等，从而为决策提供全面而细致的支持。

因此，在构成现代管理信息系统的三个层次——决策系统、决策支持系统、执行与控制系统中，管理会计人员作为信息专家担当着不可或缺的角色。其综合应用多源信息，运用专业技能，为决策人员提供全面的、科学的分析和建议，从而有力地推动组织目标的有效实现。这种定位和功能既符合现代化管理的需求，也展示了管理会计在企业管理体系中的复杂性和多维性。

---

① 袁水林，张一贞.管理会计[M].4版.上海：上海财经大学出版社，2018：16.

（二）管理会计的学科属性

管理会计的学科属性揭示了其在信息科学与"软科学"领域中的双重身份，从而凸显出其独特的多维性和复杂性。在信息科学领域，管理会计主要聚焦于信息的生成、处理、分析和传递。这一属性源于管理会计的基础职能，即为决策提供信息支持。在这个过程中，财务数据和非财务数据被广泛运用，通过各种分析方法将原始数据转化为具有决策价值的信息。信息科学的组成部分身份赋予管理会计以高度的结构性和方法论严谨性，强调对信息处理流程的优化和对信息质量的控制。管理会计不仅是信息的处理者和提供者，还在决策过程中起到关键的媒介作用，这一点将其定位在"软科学"的范畴。软科学主要关注人类行为和决策过程，倾向于应用多方法论、跨学科的研究手段捕捉现实世界的复杂性和不确定性。在这个意义上，管理会计涉及的不仅是财务和经济的量化分析，还包括人力资源、组织行为、战略管理等多个方面。综合来看，管理会计作为"软科学"的一个组成部分，更加强调的是如何在具体的管理实践和决策环境中，运用信息以实现组织目标。

二、管理会计与财务会计的关系

管理会计与财务会计属于现代化会计的两大分支，两者之间有许多明显的区别。

（一）管理会计与财务会计的区别

管理会计与财务会计的区别如表 1-1 所示。

表1-1 管理会计与财务会计的区别

比较项目	管理会计	财务会计
基本目标	主要服务于企业内部管理,必要的时候也对外报告	向企业外部的利害关系各方提供资料,兼顾企业的内部管理
基本职能	规划未来、控制现在和评价过去,着重于规划未来	着重于反映过去,提供信息
核算对象	可以是整个企业,也可以是某个责任单位,甚至是某个责任人;可以是生产经营活动的全过程,也可以是某个阶段或某个方面	以整个企业生产经营活动的全过程为对象
会计主体	以各责任单位为会计主体,同时兼顾局部与整体两个方面	以整个企业作为会计主体
约束条件	不需要遵循会计准则、会计制度,处理方法有很大的灵活性	必须遵循会计准则、会计制度,处理方法的灵活性很小
核算方法	不必严格按照固定的核算程序、方法及规定的凭证和账表格式组织核算,广泛运用高等数学知识,但不要求绝对精确	采用相对固定的核算程序、方法及规定的凭证和账表格式,并采用一般的数学方法,但力求精确
会计报告	采用多种的计量单位,没有固定的格式和内容,不定期编报,不一定对外报送	统一采用货币计量,按照规定格式定期对外编报
法律效力	管理会计报告不是正式报告,不具备法律效力	财务会计报告是正式报告,具有法律效力

从广泛意义上讲,财务会计同样是为了满足管理需求,而现代管理会计的众多可行性分析也常常作为向外提供的资料。

(二)管理会计与财务会计的联系

管理会计与财务会计既具备独立性,又呈现出不可或缺的相互依赖性。管理会计的决策和预测过程主要基于财务会计所提供的数据资料,对企业的经济效益进行综合评估。这种预测和决策的准确性需要财务会计的进一步验证。管理会计与财务会计之间存在复杂而多维的互动关系,它们互为补充,共同服务于企业的整体目标和战略。这种相互依赖性不

第一章 管理会计概述

仅加强了两者在企业管理体系内的重要性，还为两者各自的理论发展和实践应用提供了丰富的交叉学科视角。

1. 原始资料同源

管理会计与财务会计虽各自具有特定的任务和方法，但两者在数据来源上表现出显著的同源性。这种同源性不仅凸显了两者的内在联系，还为整个企业信息管理体系提供了一种内聚力。具体而言，管理会计与财务会计都是以企业生产经营活动中产生的原始资料为基础的信息系统。

在这个信息处理链中，财务会计起到一个基础性的作用。它依据一整套会计核算程序和方法，对原始资料进行系统性的整理、记录和加工，生成标准化的财务报表。这些报表，尤其是资产负债表、利润表和现金流量表，往往成为管理会计的起点。与此相辅相成，管理会计会通过进一步加工这些财务信息——通常会结合其他如市场数据、人力资源信息等非财务性质的资料——来为企业内部决策提供更为细致和全面的信息支持。

管理会计与财务会计在原始资料的处理和应用上，呈现出一种相互依存和补充的关系。这种关系不仅增强了各自的信息准确性和可用性，还有助于实现企业信息系统的整体性和一致性。从更广泛的角度来看，这种原始资料的同源性及其随后的信息处理流程，构成了企业决策的坚实信息基础。

2. 会计信息同质

管理会计与财务会计在信息特性方面表现出显著的同质性，这一特点可以从系统性、全面性和货币计量等几个维度进行解析。尽管两者在职能、目的和应用范畴上存在差异，但它们都是会计系统的不同分支，具备相同的基本信息属性。

首要考虑的是系统性。无论是管理会计还是财务会计，其输出的信息都是基于一套系统性的框架。这种框架为信息提供了清晰的结构和组织方式,确保了信息的可比性和一致性。这种系统性也体现在信息的生成、分析和报告过程中,呈现了一个有逻辑、有序的路径。全面性则是对系统性的补充和扩展。管理会计与财务会计都需要涵盖会计主体的多个方面和多个层次,以形成一个全面的信息视图。这包括从销售、成本到资本结构等各个维度的信息整合,以使决策者能够从全局的角度进行分析和判断。货币计量作为一个关键的同质性特点,是管理会计与财务会计在信息表达方式上的共同点。无论是管理会计的各种内部报告还是财务会计的财务报表,信息最终都是以货币形式进行量化和表示的。这种货币计量的方式具有普遍性和可比性,使不同时间、不同场景下的信息能够进行有效的比较和分析。

3. 最终目标一致

管理会计与财务会计尽管在方法论、信息属性和用户群体方面存在显著差异,但在更宏观的层面上共同朝向一个终极目的:为经济决策提供有用性的信息支持。财务会计侧重于生成规范化的财务报表,以满足企业外部相关方——如投资者、债权人的信息需求,其目的在于通过透明、可靠的财务数据,促进资本市场的有效运作。管理会计更多地集中在企业内部,通过分析、规划和控制等一系列复杂活动,为组织内部的决策层提供多维度、多时序的信息。两者之间的关系可以视为一种"信息生态系统"的两个不同但相互依赖的子系统。它们都以增强决策有用性为目标,只不过是在不同的信息生态位点、针对不同的决策主体进行作用。财务会计信息往往更为历史性和事实性,其强调的是对已发生事件的准确记录和公正展示;而管理会计信息则更为前瞻性和解释性,其致力于通过深入分析支持更有效的未来决策。

三、管理会计的特点

管理会计的特点是相对于财务会计而言所具有的某些特色或显著的

不同之处。① 通过上文对管理会计与财务会计的比较可以看出，管理会计具有以下主要特点（见图1-2）。

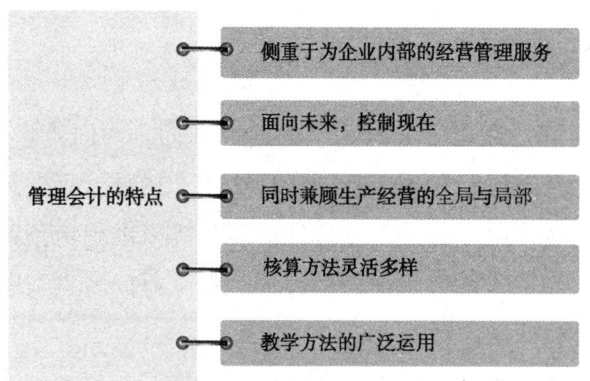

图 1-2 管理会计的特点

（一）侧重于为企业内部的经营管理服务

管理会计的主要特点之一在于其对企业内部经营管理的侧重。这种侧重不仅展示了管理会计的信息生产和使用的环境，而且影响了其所涵盖的内容和范畴。管理会计致力于生成和提供那些能够促进内部决策效率和经济效益提升的信息，包括成本分析、预算控制、战略规划等多个方面。其目的在于实现对企业各项资源的最优配置和利用，进而推动实现企业价值的最大化。这一特点与财务会计存在明显的职能区分，后者更多地为企业外部利益相关方提供经济决策信息。需要注意的是，不能过度简化这一区分。实际上，管理会计与财务会计都在一定程度上服务于企业的内外部利益相关方。它们的区别在于，管理会计更加注重生成具有内部管理指导价值的信息，以满足日常运营和战略规划的需求，而财务会计则侧重于满足外部报告和合规性的要求。这种侧重于内部管理服务的特点使管理会计在信息类型、生成速度、精度和灵活性等方面具有独特的需求和显著的特色。这种专注于内部管理需求的信息生成、处

---

① 袁水林，张一贞. 管理会计[M]. 4 版. 上海：上海财经大学出版社，2018：18.

理和分析，使管理会计更能够适应和响应企业复杂、多变的内部环境，进而促成更加精细、灵活和高效的管理决策。

（二）面向未来，控制现在

管理会计的特点之一是其明确的时间取向：面向未来与控制现在。这一特点源于管理会计的根本任务，即为企业内部管理决策提供科学依据和支持。为实现这一目标，管理会计不仅需要准确地预测未来经济活动，还需要对当前操作进行严密的控制。这一时间特点与财务会计形成对比，后者主要聚焦于对历史数据的记录和解释。

面向未来的属性使管理会计广泛应用预测和预算技术，对未来经营活动进行量化和模拟。预测并非孤立的，而是建立在一系列假设和模型基础上，旨在使管理者对多种可能性和风险有所了解。这种前瞻性不仅促使管理者考虑长期战略，还促使其对短期行动进行调整，以便更有效地达到长期目标。控制现在的属性则涉及对实际业务流程的监督和调整。事前和事中的核算活动在这一环节占据主导地位，包括成本控制、效率分析以及对标准和实际表现的对比。控制活动不仅是预测的实施阶段，还是对未来预测准确性的一个反馈机制。

这种双重时间取向使管理会计能够适应企业经营的动态性和复杂性。面向未来的预测分析为企业提供战略导向和行动框架，而对现在的控制则确保这些战略和行动能够有效得以执行。

（三）同时兼顾企业生产经营的全局与局部

管理会计的特点之一在于其能同时兼顾企业生产经营的全局与局部，这一点是由其核心目标——有效服务于企业内部经营管理所决定的。财务会计通常仅关注企业全局的综合经济信息，管理会计除关注企业全局外，其观察和分析颗粒度多更为细致，涵盖企业内部不同部门、不同产品线、不同项目和不同流程等。

管理会计的这一范围特点,有其深刻的理论和实践基础。从理论角度而言,企业作为一个复杂的社会经济系统,其内部的各个组成部分(如部门、产品、项目等)在实现整体目标的过程中承担着独特的功能和责任。这种情况要求管理会计不仅要关注整体经营目标的达成,还要细致地了解各局部活动如何贡献于这一整体目标,以及在哪些方面存在提升的空间。在实践操作中,全局与局部的兼顾有助于实现资源配置的优化,以及风险和机会的均衡。通过全面而详细的信息分析,管理者能更加精准地识别出各个局部环节中存在的问题或机会,从而做出更为合理的决策。这种全局与局部的信息结构也有助于横向和纵向的信息流动,促进内部组织成员之间的沟通与协作。

综合考虑全局与局部的信息需求,有助于企业在复杂多变的经营环境中保持灵活和适应性。只有当全局与局部信息得到充分关注和整合时,企业才可能在追求整体效益的同时确保局部活动的有效性和效率。

(四)核算方法灵活多样

管理会计在核算方法方面表现出显著的灵活性和多样性,这是因为其主要目标是为企业内部提供有助于改善经营管理的信息。不同于财务会计的规范性和制度化,管理会计在许多方面并不受会计准则、会计制度的约束。这一特性在管理会计的理论和实践中具有重要的意义。

从理论角度看,管理会计的灵活性和多样性使其能更好地适应不同类型的决策场景和信息需求。无论是对成本结构的深入分析,还是对未来现金流的预测,或者是对特定项目投资回报的评估,管理会计都能提供相应的核算方法和分析工具。这不仅增加了管理会计在企业内部的应用范围,还增强了其在复杂和不确定环境下支持决策的能力。从实践角度看,灵活多样的核算方法使管理会计能更精准地满足企业内部各级管理人员的信息需求。这不仅涉及传统的财务信息,如成本、收入和利润等,还涉及与企业战略、竞争力和可持续发展等相关的非财务信息。因此,管理会计既可以针对不同的决策目标和管理层次提供多样化的信息,也能根据特定情境和约束条件调整其核算和报告方式。

数据获取和处理的便捷性,使管理会计能以更高的效率和更低的成本实现信息的个性化和定制化。这能为企业内部的信息流动和知识共享提供有力支持,提升企业的决策质量和执行效能。

(五)数学方法的广泛运用

管理会计在现代企业环境中展现了对数学方法的广泛运用,尤其是运筹学和数理统计学等高级数学方法,这在很大程度上促进了管理会计在解决复杂经济问题方面的有效性和准确性。这一特点不仅体现了管理会计中定量化分析的趋势,还揭示了管理会计在企业决策和资源配置中的关键角色。

在理论构建方面,高级数学方法如线性规划、统计分析等提供了一种严谨和系统的方式来描述和解释复杂的经济现象。这些数学模型和算法可以支持管理会计在多目标、多约束条件下进行更为精细和全面的分析。例如,在成本最小化或收益最大化的问题上,运筹学不仅可以提供优化方案,还能通过灵敏度分析等手段来评估不同决策变量的影响。在实证研究和数据分析方面,数理统计学的方法如回归分析、方差分析等,能够更准确地捕捉数据中的潜在规律和趋势,从而为企业管理提供更为科学和客观的决策依据。更进一步来说,大数据和机器学习等新兴技术的应用,使管理会计能够处理更为庞大和复杂的数据,进一步提升了其在信息提炼和价值创造方面的能力。

对于企业管理实践来说,数学方法的广泛运用不仅增强了管理会计解决问题的能力,还提升了其在企业战略规划和执行中的地位。这是因为通过数学模型和算法,管理会计能够提供更为精确和可靠的预测和评估,从而更好地支持企业在不确定环境下的风险管理和决策制定。

第四节 管理会计的职能与方法

一、管理会计的职能

管理会计主要有预测、决策、组织、控制和评价等职能。[1]

（一）预测职能

管理会计的预测职能不仅是企业决策结构中不可或缺的一环，还是企业战略规划与执行的关键要素之一。该职能涵盖了多个维度，包括销售预测、成本估算、利润预测以及资金流动性管理等。借助科学的数据分析方法，管理会计能够提供对未来不确定性因素的量化估计，进而为企业管理者提供决策支持。

管理会计可采用时间序列分析、回归分析等高级分析手段，捕捉潜在的市场动态和企业内部运营效率，并在预测模型构建过程中，充分考虑经济规律、行业趋势和政策制约等外部因素，以提高预测精度。在经济全球化和数字化趋势下，大数据和机器学习技术的应用进一步增强了管理会计预测职能的精度和可靠性。

对财务数据和非财务数据的综合分析也是管理会计的预测职能的一个显著特点。除了对经营活动产生直接影响的财务数据（如营收、成本、现金流等）进行分析外，非财务数据（如客户满意度、员工效率、供应链效率等）也在管理会计的预测模型中占有一席之地。这种多元数据的融合分析有助于生成更为全面和准确的预测结果。

在企业资源计划（Enterprise Resource Planning, ERP）系统和高级分析工具的支持下，管理会计的预测职能逐渐从传统的静态模型转向动态模型，不仅可以进行短期的战术性预测，还能进行长期的战略性规划。这种变化使企业能够更灵活地适应市场变化，更准确地评估战略方案的可行性。

---

[1] 张蕊.会计学[M].上海：复旦大学出版社，2015：18.

（二）决策职能

决策职能是管理会计的核心职能之一，体现为管理会计承担着信息供应和策略规划与决策执行两大重要任务。通过深度分析财务数据和非财务数据，该职能为企业决策提供全面、准确和及时的信息支持。更进一步来说，管理会计不仅是信息的提供者，还是策略规划和决策执行的参与者。

在信息供应方面，管理会计不仅涉及财务数据的收集和整理，还涉及对市场趋势、竞争状况、内部效率等多维度信息的分析和解读。这些信息经由复杂的计算和加工，转化为具有高度决策价值的分析报告和指标。这种多维度、多层次的信息分析有助于提高决策质量，减少不确定性和风险。在策略规划与决策执行方面，管理会计的角色逐渐从被动的信息提供者转变为主动的参与者。具体来说，通过成本效益分析、资本预算、风险评估等高级分析手段，管理会计能够对不同的战略方案进行可行性评估，甚至提出策略建议。这一角色转变标志着管理会计职能的深化和拓展，也意味着其在企业决策结构中的地位更加重要。

在现代企业环境中，快速的信息流动和复杂的市场状况要求企业能够迅速而准确地做出决策。在这种环境下，管理会计的决策职能显示出其不可替代的价值。随着管理会计的决策智能与企业资源计划系统、人力资源管理系统等信息系统的整合，以及与数据科学、人工智能等先进技术的结合，预计管理会计的决策职能将会在未来得到更高程度的优化和提升。这种优化和提升不仅能增强企业的竞争力，还有助于企业实现可持续和长远的发展。

（三）组织职能

管理会计的组织职能在企业内部资源分配和流程优化中起到关键作用。该职能涵盖了责任会计制度的设计与实施，以及会计处理程序的规范化，旨在实现企业资源的最优配置和利用。在这一过程中，一般系统理论和行为科学理论被综合应用，以确保制度设计和流程优化能够符合企业实际情况和管理需求。

在责任会计制度的设计与实施方面，通过明确各个管理层和部门的财务责任，责任会计制度能够有效地激励和约束内部成员，促进资源的合理利用。为了保证责任会计制度的有效性和适用性，管理会计人员需要充分考虑企业的组织结构、业务模式和管理文化等多个因素。会计处理程序的规范化关注的是流程效率和准确性。对账务处理、报表编制、成本核算等关键环节进行标准化和自动化，不仅可以提高工作效率，还能减少错误和欺诈的风险。这一方面需要借助先进的信息技术工具，如企业资源计划系统，另一方面需要根据成本效益原则进行持续优化。

资源配置的最优化是组织职能追求的最终目标。对此，管理会计通过多种分析手段，如成本效益分析、敏感性分析、多目标决策等，为人力、物力、财力等资源的分配提供科学依据。这一过程还需要与企业的战略目标和长期规划相结合，以确保资源配置能够支持企业的持续和稳健发展。

（四）控制职能

管理会计的控制职能对于实现企业目标与战略愿景发挥着关键作用。该职能通过信息反馈、数据分析以及针对性的调整措施，确保企业经济活动与预定目标保持一致性。在这一过程中，信息的真实性、完整性以及控制体系的适时性和有效性成为评价指标。具体而言，控制职能涉及对各项经济活动发出的信息进行持续收集与反馈，进而进行比较与分析，以识别与预定目标之间的差异。一旦偏离被确认，即便是微小的变化，也需要采取相应的纠正措施。这些措施可能涵盖从成本控制、流程优化到战略调整等多个方面。

控制职能不仅是一个反应性的过程，还具有预测性和战略性。通过精细的预算制定和性能度量,企业可以预先设定一系列详细的执行目标和评价标准。在实际操作中,相关人员将这些预设目标与从各个业务部门和功能部门收集的实际数据进行比对,以实时捕捉任何形式的偏离。进一步地,相关人员通过高级分析方法如趋势分析、偏差分析和成本效益分析,深入解构出现这些偏离的成因和后果,以便采取更有针对性的纠正措施。

控制体系的建立和维护是实现有效控制职能的前提。这一体系需要确保信息的准确性和完整性,因为任何信息的失真或遗漏都可能导致错误的决策和资源浪费。控制体系也需要具备足够的灵活性,以适应不断变化的内外部环境。这通常需要企业投资或开发先进的信息系统和数据分析工具,并建立一套健全的内部控制机制和审计流程。

(五)评价职能

管理会计的评价职能在企业管理中占有显著地位,特别是在确保经济责任得以贯彻执行方面。这一职能侧重于事后评估,即通过与预算数的对比和分析,全面考核各责任单位在经济管理方面的表现。在这一过程中,责任、权力和利益三者需要得到平衡和统一,以形成具有不同职责和权力的责任中心。进一步而言,评价职能涉及科学的业绩评价机制和合理的激励制度,旨在推动各责任单位优化经营管理,实现预设目标,最终提升企业整体经济效益。

业绩评价机制在评价职能中起着核心作用。这一机制通常涉及一系列定量和定性的考核指标,包括营收增长、利润率、客户满意度和内部效率等。这些指标需经过精心设计和选择,以确保其能准确反映各责任单位的实际表现,并与企业的整体战略和目标保持一致。除了单一的财务指标,现代企业更趋向于采用平衡记分卡等多维度评价工具,以获取更全面和深入的评价结果。激励机制则是评价职能的执行部分,其目的在于通过奖惩制度激发各责任单位的主动性和创造性。具体来说,优秀表现通常会得到物质和精神的双重奖励,如提升职位、增加报酬或给予公开表彰等;不佳表现则会触发相应的惩罚措施,如降级或减薪。激励机制需建立在公平和透明的基础上,以确保其能有效地促进正向竞争和持续改进。

二、管理会计方法

相较于财务会计所采用的描述性方法,现代管理会计更侧重于分析性的手段,旨在从动态的角度全面把握企业在生产经营活动中涉及的成本、利润和现金流量等关键要素。这种分析性方法在应对不同条件和环境时可能表现为多种具体形式,但无论如何,差量分析始终是其核心思想和基础工具。在此基础上,成本性态分析、本量利分析、边际分析、成本效益分析以及折现现金流量分析等多种具体的分析方法逐渐发展起来。这些方法不仅丰富了管理会计的分析工具箱,而且增强了其在企业决策和管理中的应用价值和实用性。管理会计的方法如图1-3所示。

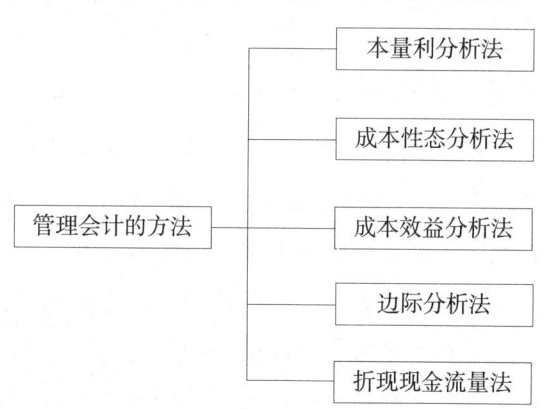

图1-3 管理会计的方法

(一)成本性态分析法

成本性态分析法在现代管理会计体系中占有重要地位,作为一种基础的分析方法,其核心在于将成本构建为产量的函数。这一分析框架不仅有助于深入理解成本结构，还能为企业决策提供科学依据。

该方法主要围绕成本与产量之间的依存性进行分析，进而将成本划分为固定成本和变动成本两大类。固定成本和变动成本的区分为企业提供了更为精细化的成本控制与管理手段。固定成本一般不随生产量的变化而变化，至少在一定范围内保持稳定。这类成本通常包括设备折旧、租金和管理人员薪酬等。相对而言，变动成本则随生产活动的增减而相应变化，如原材料费用和直接劳动成本。通过准确地识别和分类这两种成本，企业能更有效地进行成本控制和优化，特别是在面对市场需求波动时。

差量分析是成本性态分析法的关键组成部分之一，它侧重于分析成本与产量增减之间的动态关系。通过对不同产量水平下的成本变动进行精细的量化分析，企业可以更准确地预测未来的成本趋势，并据此进行更为科学的决策。例如，在新产品开发或扩产决策中，差量分析可以提供关于如何平衡成本和产量以实现最大化利润的重要信息。

（二）本量利分析法

本量利分析法在管理会计中作为一种重要的决策支持工具得到广泛应用。该方法的主要目的在于揭示成本、产量与利润之间的内在联系，以及这些要素变动产生的差量如何影响企业的盈亏状态。其核心概念为盈亏临界点，即在特定成本结构和市场价格下，企业需要达到的最低产量或销售水平以实现盈亏平衡。通过精确地确定这一临界点，企业能够从动态角度掌握不同影响因素对盈亏消长的规律性联系，从而进行更为科学和高效的资源配置与战略规划。该方法在企业扩张、产品定价、成本控制以及风险评估等多个方面都有显著的应用价值。尤其在面对市场不确定性较高或者成本压力较大的情境时，本量利分析法提供了一种量化的、系统的分析框架，有助于企业更加明确地识别潜在风险和机会，以做出更科学合理的决策。

（三）边际分析法

边际分析法在管理会计中作为一种增量分析方法被广泛应用，旨在确定生产经营活动的最优边际点。该方法关注于生产经营中各个变量之间的联系和变化的基本规律性，以便企业能够预见性地采取有效措施。这一分析框架强调在每一个增量或边际单位上的变化，如额外生产一个单位产品或增加一项服务所带来的成本和收益的变化。通过对这些边际变化进行细致的量化分析，企业能够更准确地识别如何经济、有效地运用其人力、物力和财力资源。这不仅有助于实现资源的优化组合，还能促进企业生产经营的经济效益最大化。特别是在资源稀缺或竞争激烈的环境下，边际分析法提供了一种高度灵活和实用的决策支持工具，有助于企业在多个选择方案中做出更为合理和有效的决策。从战略规划到日常运营，该方法在成本控制、产品定价、供应链管理以及资本分配等多个方面都有广泛的应用价值。

（四）成本效益分析法

成本效益分析法在管理会计领域内被广泛用于管理决策，其核心思想在于通过量化和比较不同决策方案的成本与效益，以实现最优的资源分配和投资决策。该方法包括了多种特定的"成本"概念，如差别成本、边际成本、机会成本和沉没成本等，每一种成本概念都对应着不同的计量和分析方法。例如，差别成本关注不同方案的预计成本差异，机会成本则侧重于衡量放弃最佳替代方案的经济损失。这些多维度的成本概念和计量方法为成本效益分析提供了丰富的分析工具和视角，使这一方法能适应不同的决策环境和需求。

基于以上多种成本概念和计量方法，成本效益分析法进一步对各种可供选择方案的净效益进行对比分析。净效益通常定义为总效益与总成本之间的差值，其大小直接反映了方案的经济性和可行性。通过这一对比分析，企业不仅能更准确地评估各个方案的经济效益，还能更科学地进行资源分配和优化。

成本效益分析法在项目评估、资源配置、战略规划等多个方面都有重要的应用价值，尤其在面对复杂和不确定的决策环境时，其能提供更为全面和精确的决策依据。从长期来看，有效地应用成本效益分析法有助于提高企业的整体经济效益和竞争力。

（五）折现现金流量法

折现现金流量法在管理会计中作为一种高级的投资决策工具得到了广泛应用。该方法主要针对长期投资方案，通过将未来现金流量按照特定的折现率转换为单一时间点的现值或终值，以便进行更为精确和一致的经济性评估。这一转换过程通常基于复利法，旨在准确反映资金时间价值的影响。在这一基础上，折现现金流量法进一步对各个投资方案的经济性进行综合对比和分析，包括净现值、内部收益率、盈余现值比等多个评价指标。

该方法的一个显著优点是其能够提供一个客观可比的决策基础。由于所有未来现金流量都被转换为单一时间点的数值，因此能够消除不同时间点现金流量之间的可比性问题，使不同投资方案能在同一评价标准下进行分析和评价。这不仅有助于更为全面和深入地了解各个方案的投资效益，还能更有效地规避因忽视资金时间价值而导致的决策失误。

在项目投资、并购评估、资本预算以及其他长期决策场景中，折现现金流量法都表现出强大的分析能力和实用价值。特别是在财务资源有限或需要进行多方案比选的情况下，该方法能为企业提供更为科学和精确的决策依据。

第二章 成本管理的基本理论

第一节 成本管理的概念与重要性

一、成本管理的概念

成本管理是企业在生产经营过程中进行成本核算、成本分析、成本决策、成本控制等一系列科学管理行为的总称。成本管理，一般包括成本预测、成本决策、成本计划、成本核算、成本控制、成本分析、成本考核等多项内容。[①]

在传统的成本管理模式下，成本管理的主要侧重点是降低成本和减少支出，特别是在计划经济体制中，由于产品实行统购统销，因而降低成本直接等同于增加企业收益。这种管理模式基本上忽视了成本与其他经营因素，如产品质量、客户满意度和市场竞争力等因素的复杂互动关系。成本降低被视为唯一或主要的目标，可能导致企业陷入单纯为降低成本而管理成本的滞后状态。

传统成本管理模式的局限性主要表现在其不能为企业决策提供全面

---

① 谌江.企业成本管理与控制研究[M].广州：广东经济出版社，2022：6.

和准确的信息。单一地追求成本降低可能会牺牲产品质量、影响客户满意度或者忽视长期的战略投资，从而对企业的长期竞争力和可持续发展产生不利影响。例如，过度削减研发或市场推广预算可能会在短期内降低成本，但在长期内可能损害企业的创新能力和市场份额。因此，现代成本管理已逐渐从单一的成本降低转向更为复杂和多维度的价值创造，涉及成本效益分析、总体拥有成本、生命周期成本等多个层面，以实现企业全面、平衡和可持续的发展。

随着社会主义市场经济的演进，商业环境由卖方市场向买方市场转变，导致企业在成本管理方面单一追求成本降低已不再适用。在这种新的经济环境下，企业不仅需要关注生产成本，还需要关注产品的市场接受度，以及企业的经济效益。因应瞬息万变的市场环境，现代企业管理的首要任务便是获得并维持竞争优势，这也意味着企业成本管理需要从传统的"节约、节省"观念转向"现代效益"观念。特别在我国社会主义市场经济体制日渐成熟的当下，企业需要以市场需求为导向，提供尽量高质量和功能完善的产品与服务，以获取最大化的经济效益。

为适应这一基本要求，企业成本管理应与企业的整体经济效益紧密联系，采用成本效益观念作为主导思想。成本效益观念所说的"尽可能少的成本付出"，是基于成本效益观念来指导产品设计和改进工作，与"减少支出、降低成本"有本质区别。例如，企业基于市场需求分析，若认识到新增某功能能显著提高产品的市场份额，尽管会增加一定成本，但若这增加能带来更大的经济效益，则符合成本效益观念，因此企业可以新增该功能。类似地，合理化建议的推广、新设备的引进或产品质量的改进等，虽然短期内可能增加成本，但从长期角度看能提高企业的市场竞争力和生产效益。这种成本观念体现了"为了长期、大量地减支，应支出某些看似高昂的费用"的理念，即符合现代企业管理中的成本效益观念。

对于成本管理的探讨，需要从多个维度进行全面考虑。首先，企业管理本质上是一系列"活动",包括指挥和控制,旨在协调企业内部的各个元素。因此,缺乏活动性的管理构架是不完整的。指挥和控制作为企业的两个基本的管理职能,尤其在成本管理方面,涵盖了一系列复杂的子活动,如规定与落实成本管理的职责和权限、制定成本方针与目标,以及成本的策划、控制、保证、检查、分析和改进等。其次,企业是由一群具有明确职责和权限的人员及设施构成的,在这样的组织构架内,成本管理不仅是各级管理者的职责,还需要最高管理者的积极领导和推动。最后,企业在实施成本管理过程中需谨慎考虑管理成本本身,即需要从财务角度评估成本管理体系的有效性,目的是降低管理费用,提高管理效益,从而达到提高全体管理者和其他相关人员的满意度。这一系列的维度和活动共同构成了一个动态、复杂且高度协调的成本管理体系。

二、成本管理的过程

在成本管理的过程中,预测工作占有重要地位。规划一定时期内的成本水平和目标,并对比分析多种实现方案,有助于识别最优的成本决策。成本预测不仅能为未来的成本活动提供方向性指导,还能为企业管理者提供决策依据,使其能够在多个可能的选项中,选择最具成本效益的一个。

编制成本计划是基于准确的成本预测和具体的成本决策而进行的。成本计划是成本控制的基础,需要日常的成本审核和监督以确保其实施的效果。成本核算的组织和制度建设也是这一阶段的关键活动,所建立的各项制度应当贯彻落实于企业的各项基本工作之中。

确定准确的成本核算方法是生产经营活动中不可或缺的一环。这涉及在成本开支范围内进行生产经营,选择适当的成本核算方法,以确保产品成本的准确计算。这一环节的准确性直接影响到成本控制的有效性和企业经济效益的实现。

成本指标分解是确保成本降低任务在组织层面得到实施的关键手段。

这一过程涉及将各项成本指标细化，并在不同的管理层次和部门中实施和考核。这样做不仅有助于实现成本降低的具体目标，还能与企业和部门的经济责任制有机地结合起来。

成本的考核和分析工作是一个持续的过程，旨在评估和提高企业的成本管理水平。这需要定期进行成本分析，识别成本变动的原因，尤其是成本降低的因素，并进一步挖掘降低生产耗费和节约成本开支方面的潜力。成本的考核和分析不仅有助于优化成本结构，还能为企业管理提供针对性的改进方向。

成本管理的过程如图 2-1 所示。

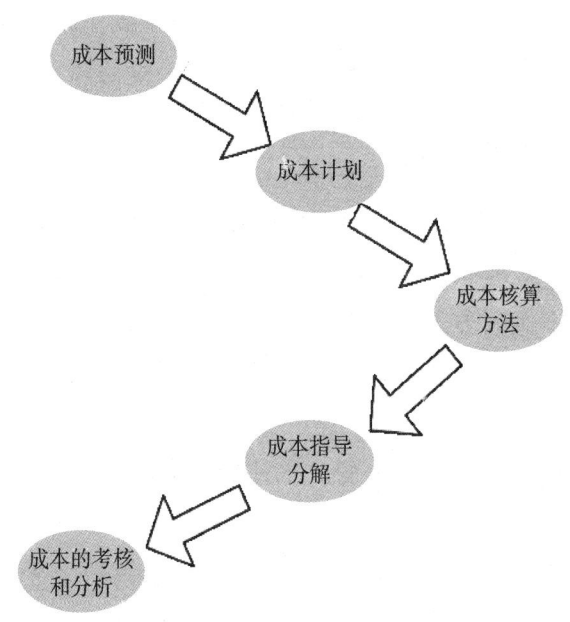

图 2-1　成本管理的过程

三、成本管理的重要性

成本管理在管理会计体系中占据核心地位，在时间和内容两个维度上呈现出复杂性。从时间维度来看，成本管理不仅局限于生产过程中的成本控制，还扩展到产品设计、试制、销售及售后服务各个阶段。这一特性强调了管理会计在全面预算编制、动态成本分析以及各业务周期成本效益评估中的应用。贯穿于企业生产经营全过程的成本管理，实质上是管理会计对企业活动全周期的财务信息与非财务信息的综合分析和解释。从内容维度来看，成本管理涵盖了产品生产成本、设计及试制成本、资金筹集成本、材料采购成本、销售费用、管理费用、财务费用、质量成本、使用寿命周期成本以及战略成本等多个方面。这种全方位的内容涉及管理会计在成本分配、成本利润分析、资本预算和投资决策以及战略成本管理等多个子领域的实践。例如，资金筹集成本和财务费用的管理直接关联到管理会计在资本结构和融资决策中的角色；质量成本和使用寿命周期成本的管理则体现了管理会计在持续改进和长期价值创造方面的贡献。

（一）成本管理是企业增加盈利的根本途径

在管理会计领域，成本管理被视为企业增加盈利的根本途径，这一观点得到了广泛的认同。根据经典的盈利公式"利润＝收入－成本"，成本在盈利构成中起到了关键性的作用。在固定收入的背景下，降低成本直接导致利润增加；而在收入增加的环境中，成本降低能够加速利润的增长速度；即便在收入减少的不利情境下，有效的成本管理也能起到抑制利润下降的作用。即便在非营利性质的国有公用事业部门，高成本和持续亏损也会威胁到其生存和社会功能。这种情况不仅会削弱公用事业在经济调控、就业扩大和公共服务改善等方面的作用，还会对政府财政构成压力，加重纳税人负担，并对整体国计民生产生不利影响。因此，即使在这些部门，成本管理也具有不可忽视的重要性。成本管理在管理会计中不仅是一种战术工具，还是一种战略需求。其不仅直接影响到企业的盈利能力，还间接影响到整个社会经济体系的健康。

（二）成本管理是企业抵御内外压力、确保生存和可持续发展的主要保障

成本管理不仅是企业盈利能力的关键因素，还是企业抵御内外压力、确保生存和可持续发展的主要保障。企业经营环境复杂多变，面临来自外部的同业竞争、政府课税和经济环境逆转等多重压力，同时需应对来自内部的职工待遇改善和股东分红等需求。在这一系列压力中，降低成本成为最直接、有效的应对策略。

降低成本具有多重战略意义。首先，降低成本可以提高企业的价格竞争力，使其在激烈的市场竞争中占据有利地位。其次，降低成本能够增加企业的安全边际，即使在经济环境不佳的情况下，也能确保企业的生存和稳健发展。最后，降低成本能避免因提高产品售价而引发的外部压力，如经销商和供应商的提价要求以及增加的流转税负担。

从内部管理的角度来看，有效的成本管理不仅可以缓解企业内部压力，还能为企业创造更多的战略选择空间。例如，降低成本之后，企业有可能将节省下来的资金用于提高产品质量、推动产品创新或者改善职工待遇，从而进一步提升企业的核心竞争力。

（三）成本管理是企业发展的基础

成本管理被视为企业发展的基础和生命线。一个能够有效控制成本的企业，通常具有更强的市场竞争力和更高的适应性，这为其提供了迅速发展的基础。当企业成功降低成本后，其可选择的战略路径也随之增多。例如，降低售价以扩大市场份额，进一步稳固经营基础，这为企业提高产品质量和创新产品设计创造了条件，从而推动企业向更高层次、更广领域发展。对于那些在成本管理上失去控制的企业，其发展通常是不稳定甚至是危险的。这些企业可能倾向于在促销和产品开发上冒险，而忽视成本控制。一旦市场条件发生不利变化或决策出现失误，这些企

业通常缺乏足够的抵抗能力来应对风险和挑战，最终可能导致企业的崩溃和失败。

成本管理不仅影响企业的短期盈利能力，而且关乎企业的长期生存和发展。只有将成本控制在行业先进水平，才能为企业的持续、健康发展奠定坚实基础。这也意味着，成本管理需要从战略高度来进行规划和执行，而不能仅仅停留在日常运营管理的层面。

四、成本管理的功能

成本管理涉及对企业在产品生产经营过程中所产生的各种成本的预测、计划、控制、核算、分析和评估等科学管理活动。这一管理过程的核心目标是动员企业全体人员，发掘内部的生产和节约潜能，进而系统性地降低产品的成本，从而提高企业的经济效益。作为企业管理的关键组成部分，成本管理是财务管理的重要领域，其在优化企业的经济结构、提高企业经济效益、增强企业市场竞争力等方面具有不可忽视的作用。具体来说，成本管理的功能主要体现在如下几个方面。

（一）增加企业盈利

成本管理的一个重要功能是通过优化成本结构来提高企业的盈利能力。在其他经济因素保持恒定的前提下，产品成本的高低直接影响企业的盈利水平。通过精确的成本管理，企业可以有效降低产品成本，从而提高盈利。这种增益不仅能提高企业的经济效益，还能为企业提供更多的再生产资金，进而支持企业的持续发展和资本积累。

（二）降低产品价格

在管理会计的框架中，成本管理的一个关键功能是降低产品价格。产品成本是产品价格的主要构成部分，因此在定价策略中具有决定性的作用。当大部分生产同类产品的企业实现成本降低，导致社会平均成本下滑时，产品价格调整的空间得以释放。此种价格调整为消费者提供了更为经济的产品选项，从而在更广泛的层面上刺激社会生产的发展，并对提高大众的物质生活水平产生积极影响。

（三）促进企业全面改善生产经营管理

成本管理不仅是财务指标的控制和优化，还是对企业生产、技术和经营状况的全面反映。产品成本作为一个综合性经济指标，为企业提供了对于其生产、技术和经营状况的深入洞察。成本水平可以作为衡量企业生产经营管理效率的重要指标，因为它与企业的生产过程、技术创新和经营策略紧密相关。强化成本管理意味着企业需要在各个职能部门之间加强协同，使每个部门、每个环节都遵循增产节约的原则，注重细节，以提高生产经营的效率。定期的成本检查和分析可以帮助企业识别其生产、技术和经营管理中的优势和不足，从而为企业提供改进的方向和策略。

（四）加速经济发展

成本管理对于国民经济的发展起到了推动作用。通过强化成本管理和降低产品成本，企业能够更为高效地利用其资源，从而减少资源的投入。这种资源的节省为企业提供了更大的空间，使企业能够以较少的人力、物力和财力产出更多高质量的产品。节约下来的资源可以进一步被用于扩展生产规模、增加产品种类和提高产品产量，从而更好地满足社会需求。这种扩张和多样化的生产不仅能增强企业的竞争力，还会对国民经济产生正向影响，推动其更为迅速地发展。综上所述，从管理会计的角度看，成本管理不仅是企业内部效率提升的关键，还是国民经济发展动力的重要来源。

第二节　成本管理的基本原则

一、融合性原则

在管理会计的框架内，融合性原则拥有特殊的地位。这一原则不仅强调成本管理的全面性，还注重信息流动和决策支持的连贯性。管理会计作为一个专注于为内部管理提供有用信息的系统，其运行机制需要与企业的多个部门和层级进行紧密配合。在这一点上，融合性原则提供了一个全面性和系统性的视角。具体而言，将成本管理信息与生产、营销、人力资源和供应链等各业务单元紧密结合，有助于全面地评估和控制成本。这种评估和控制不仅局限于单一的成本项目，还包括成本结构和成本驱动因素的综合考虑。

（一）动态适应性在融合性原则中的应用

融合性原则在管理会计中的一项重要体现是融合性原则对动态环境的适应能力，特别是在成本管理上。成本不是静态的，它随着生产规模、技术进步和市场需求等多种因素而变化。在这种复杂的背景下，管理会计采用诸如预算编制、滚动预测、灵活预算等工具，为企业提供了动态适应的机制。例如，在滚动预测中，企业可以根据最近的实际表现和市场信息，定期更新其成本预测和管理目标。这种动态适应不仅有助于实现更为精确和有效的成本控制，还能够促使企业更加敏捷地应对市场变化。

动态适应性进一步体现在成本管理与企业战略之间的紧密关联方面。企业战略不是一成不变的，而是需要根据外部环境和内部条件进行不断调整。在这个过程中，成本管理也需要与之相适应。举例来说，如果一个企业决定从成本领先战略转向差异化战略，那么其成本结构和成本优先级也需要相应调整。在这种情况下，管理会计能够通过对不同业务活动和资源的成本效益分析，为战略调整提供有力的支持。这种动态适应性不仅增强了成本管理的针对性，还使管理会计在战略规划和执行中发挥关键的作用。

（二）决策导向与融合性原则的互动

决策导向在管理会计中占据核心地位，与融合性原则的实现紧密相连。融合性原则强调成本管理的全局观，而决策导向为这种全局观提供了具体的操作路径。通过成本效益分析、投资评估、风险分析等多种手段，管理会计不仅能精确地识别和量化各业务或项目的成本和收益，还能深入分析各业务或项目对企业长期战略的贡献程度。这种深度的分析和评估为企业决策提供了全面而精准的信息支持，从而使成本管理能更有效地与企业的战略目标和日常运营决策相结合。在这一过程中，管理会计的决策支持不局限于单一的成本控制，而是扩展到了资源配置、价值链优化、战略定位等多个层面。例如，在一个多产品、多市场的复杂企业环境中，单一的成本控制往往难以实现企业战略目标。而通过管理会计的决策支持功能，企业可以更系统地评估各业务或项目的成本结构、市场定位和竞争优势，从而在全局层面上实现资源的最优配置。这种决策导向和融合性原则的互动不仅提高了成本管理的有效性和针对性，还增强了管理会计在企业战略规划和执行中的关键作用。

（三）信息技术与融合性原则的结合

信息技术的快速发展为管理会计提供了先进的数据处理和分析工具，这与融合性原则有着天然的契合点。在成本管理领域，采用企业资源计划系统等先进的信息系统工具，企业可以对各种成本相关数据进行集中管理和实时分析。这种集成和实时性不仅能提高成本信息的准确性和可用性，还能促进多个业务单元和部门间的信息流通和协同作战。例如，供应链管理系统可以与财务系统实现数据对接，使原材料成本的变动迅速反映到产品成本和定价策略上。在这样的信息技术支持下，融合性原则在成本管理中的体现更为明显和高效，不仅可以迅速地收集和处理来自不同业务单元和部门的成本信息，还可以通过数据挖掘、机器学习等高级分析方法，对这些信息进行深入的洞察和预测。这些深入分析不仅可以更好地识别成本节约的潜在机会，还能在更高的战略层面上，如市场定位、产品组合、竞争策略等，为企业决策提供更全面和精准的支持。因此，信息技术不仅强化了融合性原则在成本管理中的应用，还使管理会计能够在更广泛的业务和战略层面上发挥作用。

（四）组织文化与融合性原则的结合

融合性原则在管理会计中的体现不只依赖于技术和方法，更关键的是组织文化的支持。组织文化在这里起到了一种媒介作用，将管理会计的技术和方法与员工行为和态度紧密连接。一个重视跨部门合作、强调成本意识和以结果为导向的文化环境，能够有效地促进融合性原则在实际操作中的落地。例如，当员工内化了成本意识，并认识到其在实现企业目标中的重要性时，成本管理就能更为顺利地融入员工日常工作和企业决策及实施过程。这种文化的形成和强化也是一个持续的、动态的过程，需要上下一致，达成共识。在这一过程中，管理会计不仅提供了衡量和评估的工具，还提供了一个沟通和协调的平台。通过持续的成本报告、分析和评估，各部门和员工能够清晰地了解到自己的工作是如何影响整体成本的，进而产生积极参与成本管理的动机。因此，组织文化不仅是实施融合性原则的重要基础，还是其能够持续发挥作用的关键因素。

二、适应性原则

在管理会计中，适应性原则尤其体现在成本管理与企业策略之间建立紧密联系的过程中。企业战略的制定和执行经常需要对不同的资源、能力和市场条件进行平衡，而这种平衡在很大程度上取决于成本管理的灵活性和准确性。管理会计在这里起到了一个桥梁作用，通过对不同业务活动和投资机会的成本效益分析，为企业战略提供有力的决策支持。例如，在一个注重市场拓展的企业战略下，管理会计能够通过对市场进入成本、营销成本和客户获取成本等的综合分析，帮助企业更准确地定位其在新市场中的竞争优势和风险。

（一）持续优化与变革中的适应性原则

在不断变化的市场环境和竞争格局下，适应性原则对于成本管理具有更高的要求，特别是在前瞻性和灵活性方面。管理会计的动态预算编制、敏捷成本计算等工具为企业提供了一套完整的解决方案。在动态预算编制中，企业可以根据实际业绩和市场变化情况不断地更新其预算目标和资源分配，这种灵活性使企业能够更快地响应市场变化，避免由于预算制定过于僵化而导致的资源浪费或机会成本。敏捷成本计算则通过实时的数据收集和分析，为企业提供了更灵活和准确的成本信息，这不仅有助于企业在短期内实现成本控制，还为其长期的成本优化提供了有力的支持。

持续优化与变革中的适应性原则还体现在管理会计的业绩评估和反馈机制上。通过对各个成本项目和业务活动的持续监控和评估，企业不仅能及时地识别存在的问题，还能通过数据分析和模型建立，对未来可能出现的风险和机会进行更准确的预测。这些信息既为企业提供了实时的决策支持，也促使其不断地对成本管理方法和流程进行优化和更新。例如，基于对成本偏差的分析，企业可以迅速地调整其供应链管理策略或生产流程，以实现成本节约或效率提升。这种持续优化和变革不仅有助于企业实现更高级别的成本管理，还是适应性原则在复杂和不确定环境下发挥作用的关键因素。

（二）组织结构与流程设计中的适应性原则

适应性原则在组织结构和流程设计方面的体现主要表现在成本中心、利润中心或投资中心的设置，以及绩效考核和激励机制的设计上。这些组织结构和流程元素充分体现了管理会计对成本责任和业绩考核的综合管理，特别是在复杂的组织结构中，如跨国公司或多业务单元的大型企业。通过适当的组织和流程设计，管理会计能够更精确地追踪和分配成本；通过绩效考核和激励机制，管理会计能够确保各个业务单元和部门在成本管理方面具有明确和一致的目标和责任。

企业通过持续的绩效监控和反馈，不仅可以对各个部门或项目的成本效益进行实时评估，还可以在必要时对组织结构和流程进行相应的调整和优化。适当的组织结构和流程的设计有助于提高成本管理的灵活性和适应性。例如，在面对市场或环境变化时，适当的组织结构和流程设计能够确保企业快速而有效地调整其成本结构和管理策略。这种灵活性和适应性不仅是实现高效成本管理的关键，还是适应性原则在组织结构和流程设计方面的具体体现。这种设计不仅增强了成本管理的针对性和有效性，还使管理会计在企业整体战略和运营管理中发挥关键的作用。

（三）风险管理与适应性原则

适应性原则在成本管理的风险考量方面具有特殊的重要性。在不确定性和复杂性不断增加的商业环境中，单纯关注确定性成本如直接材料和劳动成本已经远远不够。企业需要一个更为全面和深入的风险管理框架，以应对如汇率波动、原材料价格变动、政策风险等不确定性因素带来的挑战。管理会计通过风险矩阵、风险溢价计算和敏感性分析等多种工具，为企业提供了系统化的解决方案。例如，敏感性分析可以用于量化不同风险因素对成本的影响程度和方向，从而帮助企业在制定成本预算和管理策略时，更加精确地考虑到这些不确定性因素。而在管理会计所提供的系统化的风险管理框架下，适应性原则实现了更高级别的灵活性和前瞻性。通过不断地收集和分析与成本相关的风险信息，企业不仅能更全面和准确地了解其面临的风险状况，还能更快地调整其成本管理策略和行动计划。这种快速的信息反馈和策略调整能力，既有助于企业在面对突发事件时迅速做出反应，也为其在更长的时间范围内实现成本优化和风险控制提供了有力的支持。

三、成本效益原则

（一）资源配置与优化

在经济学中，资源配置与优化问题是微观经济决策的核心，管理会计在这一领域的应用则体现为一系列精细化的工具，旨在辅助企业在成本效益原则的指导下实现最优的资源分配。资本预算、内部收益率计算和净现值分析等工具不仅为企业提供了具体的量化指标，还引入了时间价值的考量，进而更全面地评估各种投资或业务活动的成本与收益。在高度竞争和不确定性交织的商业环境中，这些工具的应用能够大大提高企业决策的准确性和可靠性。比如，在进行新产品开发决策时，不仅要关注直接的开发成本和预期收益，还需要考虑市场接受度、产品生命周期和潜在的竞争压力等多个角度。

资源配置与优化问题不只涉及单一的投资或业务活动，还涉及企业整体战略和运营模式。在多项目、多业务线和多市场的复杂情境下，企业需要进行复杂的组合优化，以实现全局最优的资源配置。这就需要管理会计不仅能提供单一项目或业务线的成本效益分析，还要能进行跨项目、跨业务线甚至跨市场的综合评估。这种综合评估能够帮助企业识别出各种投资或业务活动之间可能存在的协同效应或竞争关系，从而更加精准地进行资源配置和优化。这一点在当前经济全球化和数字化趋势加速的背景下显得尤为重要,因为它直接关系到企业在复杂和多变环境下的竞争力和可持续发展能力。

（二）动态成本效益管理

在不断变化的商业环境中,成本效益原则的动态性和时效性是企业关注的要素之一。这一点在管理会计的应用中体现得尤为明显,尤其是滚动预算、灵活预算模型等动态工具和方法的引入。在滚动预算中,企业可以在每一个预算周期结束后,根据实际业绩和市场变化,重新审视和调整未来的预算目标。这不仅能提高成本预算的准确性,还能增强企业对未来不确定性的应对能力。灵活预算模型则进一步扩展了这一点——企业可以基于灵活预算模型,在预算周期内根据实际发生的业绩和市场变化,动态地调整各个业务单元或项目的成本预算。这种灵活性在快速变化的市场环境中尤为重要,因为它不仅有助于避免因预算过于僵化而导致的资源浪费,还有助于快速捕捉新的市场机会。

动态成本效益管理还涉及信息系统和数据分析能力的高度整合。在大数据时代,管理会计需要处理和分析的数据量和复杂性在不断增加。通过高度自动化和智能化的信息系统,企业可以实时地收集、处理和分析与成本相关的各种信息,从而更快地识别出可能影响成本效益的各种因素。这种实时性和精确性既能提高成本管理的效率,也能为企业在复杂多变的商业环境中实现高效和可持续的成本管理提供有力的支持。这一点在当前全球供应链复杂性增加和市场不确定性加剧的背景下显得尤为关键,因为它直接关系到企业能否及时地调整其成本结构和管理策略,从而在激烈的市场竞争中保持竞争力。

（三）长期与短期成本效益的平衡

在企业成本管理的多维复杂性中,长短期效益之间的平衡问题无疑是一个关键考虑因素。管理会计在这一问题的处理上表现出细致和全面的特点。通过贴现现金流量、长期投资回报率等财务评估工具，管理会计能够对不同时间尺度下的成本和收益进行精确的量化和比较。这一点在面对需要大量前期投资但有望带来长期收益的项目或改革时尤为重要。比如，在决定是否进行一项技术升级或市场拓展项目时，管理会计可以通过长期投资回报率和贴现现金流量分析，为企业提供全面而深入的决策依据。

长短期效益平衡问题不仅是单纯的财务问题，还涉及企业战略和组织文化等多个层面。在一个强调短期业绩的组织文化和激励体系下，即使某个长期项目具有非常吸引人的投资回报率和贴现现金流量指标，也可能因为缺乏足够的内部支持而难以实施。因此，企业需要在其组织文化和激励机制中嵌入对长期价值创造的正面激励，以确保在实际操作中能够真正实现长短期效益的有效平衡。这一点在面对日益增加的市场不确定性和复杂性时显得尤为关键，因为全面和长远的视角有助于企业在不断变化的商业环境中实现可持续的成本效益。

（四）成本效益与组织文化

组织文化在成本效益原则的实施中起着至关重要的作用。一个强调成本意识和效率的组织文化能够为成本效益原则提供有力的内部支持。这种文化环境不仅能够降低成本管理实施的阻力，还能够加速成本管理在企业内部的普及和应用。在这样的文化背景下，管理会计更容易将各种成本效益分析工具和方法整合到日常运营和战略决策中，从而提高整体的决策质量和执行效率。具体来说，通过定期的成本效益分析和评估，企业不仅能够更准确地识别各种业务活动和项目的真实成本和潜在收益，还能够更有效地进行资源配置和优化。

要建立这样一个强调成本效益的组织文化并非易事，它需要与企业的激励机制、绩效考核体系以及员工培训和发展计划等多个方面高度整合。这就要求管理会计在设计和实施各种成本效益相关的工具和方法时，不仅要关注其技术性和可行性，还要关注其与组织文化和内部环境的匹配度。例如，绩效考核和激励机制需要与成本效益分析的结果紧密相连，以确保员工的行为和决策能够与企业的成本效益目标保持一致。这一点在当前企业规模日益庞大、业务日益复杂的背景下显得尤为重要，因为只有当成本效益原则能够深入企业文化和日常运营的各个层面，它才能真正发挥出应有的作用。

四、重要性原则

（一）重要性原则与项目优先级排序

在多项目、多任务的企业环境中，重要性原则可以为成本管理提供清晰的方向和侧重点。这一原则强调，应集中资源和注意力在那些对成本具有重大影响的项目或活动上。在管理会计的框架下，这通常通过一系列量化的评估和排序方法来实现，如经济增加值模型、费用效益分析、多属性决策分析等。这些工具不仅能够评估单个项目或活动的成本效益，还能够进行多项目的相对比较，从而确定哪些项目应被优先考虑或加强。项目优先级排序的问题也涉及时间和风险的多维度评估。例如，某些项目虽然短期内可能不具有明显的成本效益，但从长期或战略的角度看，其重要性可能远超过其他项目。企业需要在成本、时间和风险等多个维度上进行综合评估和权衡。这一点在当前市场和技术环境日趋复杂的背景下显得尤为关键。

（二）重要性原则与内外部信息整合

重要性原则的实施，不仅需要考虑企业内部的成本数据和业绩指标，还需要考虑外部环境中的各种信息和变量，如市场需求、竞争态势、宏观经济条件等。这就要求管理会计能够有效地整合内外部信息，以支持更全面和准确的项目重要性评估。例如，通过与市场信息等外部信息源的整合，企业可以更准确地评估某个项目或活动在未来市场竞争中的潜在价值和风险。

这种内外部信息整合的能力在大数据和人工智能技术的支持下，有了更多的可能和空间。企业可以通过高度自动化和智能化的信息处理系统，实时地收集、分析和解释不同来源和格式的大量数据。这不仅能提高信息处理的效率，还有助于企业在更短的时间内识别出那些具有重大成本影响的项目或活动。

（三）重要性原则与组织治理结构

在一个企业内，各个部门和业务单元通常都有各自的目标和关键绩效指标，这可能导致它们在成本管理的重要性判断上出现分歧或冲突。这就需要一套有效的组织治理结构，以确保在企业范围内能够实现对重要性原则的统一理解和执行。具体来说，这可能涉及如何设置和调整各级成本中心、如何设计和实施跨部门和跨业务单元的成本分配和激励机制，以及如何进行多层次、多维度的绩效评估和反馈。高级管理层和财务部门需要发挥关键的引领和协调作用。通过定期的管理会议、内部审计以及其他各种沟通和反馈机制，企业可以及时地识别和解决在成本管理的重要性判断和执行上出现的问题和矛盾。这一点在当前企业规模日益庞大、业务日益复杂和经济全球化的背景下显得尤为重要。

第二章 成本管理的基本理论

第三节 成本管理的目标

一、成本管理的含义与作用

（一）成本管理目标的含义

成本管理目标是企业成本管理所要达到的要求。[①]

成本管理的核心目标在于实现成本与效益之间的最佳平衡。该平衡由多种经济因素所决定，包括但不限于投资、收入、成本和利润之间的相互作用。在投资保持恒定的前提下，效益的提高可视为利润的增长。此种增长可以通过以下策略实现：在收入保持稳定的情境下降低成本；在收入增长的背景下，使成本的增长率低于收入的增长率或使成本维持不变或下降；在收入下降的情况下，使成本以更高的幅度下降。另外，在考虑投资变动的情况下，可通过以下策略确保成本与效益之间的关系得到优化：在投资减少的情况下，使利润增加、保持稳定或其减少的幅度小于投资的减少幅度；在投资增加的情况下，使利润以超出投资增幅的速度增长。

成本效益关系优化涉及以下三个层面（见图2-2）：短期静态成本效益关系优化、短期动态成本效益关系优化和长期成本效益关系优化。[②]

[①] 何成兵，石洁，许甜.当代企业成本会计管理理论与实务研究[M].成都：电子科技大学出版社，2018：32.
[②] 何成兵，石洁，许甜.当代企业成本会计管理理论与实务研究[M].成都：电子科技大学出版社，2018：32.

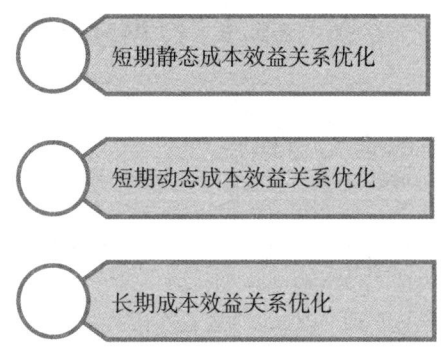

图 2-2 成本效益关系优化

（1）短期静态成本效益关系优化。短期静态成本效益关系优化的主要体现是成本数额的明显下降。成本管理的一大目标是绝对的成本降低，而在此过程中，多数情况下未能充分考虑环境因素的变化和外部影响的约束。随着生产经营管理的深入和持续挖掘潜力，这种绝对成本的降低空间将逐渐缩小，最终可能会接近于零。这一现象提示企业在长期规划中需要对成本管理策略进行持续的审视与调整。

（2）短期动态成本效益关系优化。短期动态成本效益关系优化的重点在于追求利润的最大化。此策略涉及对成本与售价关系的深入分析，目标是在成本稳定或微增的情况下实现售价的显著增长，从而减轻企业内部的成本控制压力并扩大盈利空间。这种策略的核心是通过相对降低成本来进一步优化成本与效益的平衡。只要能确保效益的提升，即便成本有所增加，该策略仍被视为可行和值得采纳的方案。

（3）长期成本效益关系优化。长期成本效益关系优化的策略主要聚焦于获取及维护竞争优势所必需的成本领先地位。在经历短期的绝对成本降低和相对成本降低之后，企业有必要从与外部市场的联系、竞争与发展的视角重新定义成本控制的目标。这一策略旨在提升企业竞争力，同时强调对成本控制策略的重视，进一步扩大成本控制的时空维度。该策略的终极目标是构建一个能够持续保持领先优势的成本结构和环境，从而确保企业在长期竞争中的稳定地位。

（二）成本管理目标的作用

合理确定成本管理目标对于搞好成本管理工作十分重要。成本管理目标的作用如图 2-3 所示。

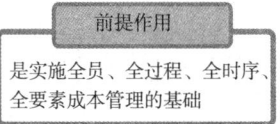

图 2-3　成本管理目标的作用

1. 前提作用

成本管理目标是实施全员、全过程、全时序、全要素成本管理的基础。明确的成本管理目标能够协助各级、各部门、各环节和各岗位的人员统一对成本管理的看法，并形成协同效应，进一步推动整个企业向既定目标前进。

2. 具体化成本决策

成本管理目标使成本决策具有明确性和可操作性，为责任分解和目标实施提供了明确的依据。这意味着成本管理的责任和任务可以被逐级分解并传递至各层级、各部门和各岗位，确保权力、责任和利益之间实现平衡。

3. 资源配置的基础

企业在进行物资采购、人员调度、资金规划和设备购置等关键决策时，都需要依赖于明确的成本管理目标及基于该目标测算的数据。只有在确立了明确的成本管理目标后，企业才能进一步确定各种要素的消耗和配置计划，并组织相应的资源供应。

4. 成本效益关系的指导

成本管理目标的设定和实施方法将直接影响企业的成本控制机制，从而导致不同的成本控制结果，并塑造出各种不同的成本效益关系。

5. 评估成本控制效果

成本管理目标不仅是各责任主体开展成本控制活动的方向指引，还是评估其成本控制效果的标准。一个合适的成本管理目标应当既符合企业的实际情况，又是可以通过努力达到的。它能促使责任主体围绕目标开展控制，优化成本效益。

二、成本管理目标的类型

（一）按指标范围分类

在管理会计领域，成本管理目标的分类是至关重要的，它能为企业的成本控制和优化提供基础框架。按指标范围区分，成本管理目标可分为总体目标和具体目标两大类。

（1）总体目标。总体目标是企业在特定时期内全部生产经营活动的成本目标，体现了对整个企业成本费用水平的综合要求。该目标的设立，基于企业的整体战略，旨在通过对全局成本的管理和控制，实现企业的整体效益最大化。总体目标的制定通常涵盖企业的各个层面，以确保企业资源的有效配置和利用。此类目标的实现往往需要企业内高层领导和多部门的协同合作。

（2）具体目标。具体目标又称为成本控制目标，是针对企业在一定时期内各层级、各部门、各环节、各岗位的成本控制的具体要求和标准。与总体目标相比，具体目标更为细化、更具操作性。具体目标通常基于企业的总体目标和战略制定，通过明确各层级、各部门、各环节、各岗位的成本控制标准和要求，确保实现企业的总体成本管理目标。具体目标能够引导企业各层面的管理者和执行者集中注意力，形成成本控制合力，进而推动企业成本控制的持续优化。

总体目标与具体目标的构建和衔接，是实现企业成本管理的重要环节。通过明确总体目标和具体目标，企业能够构建出层次分明、责任明确的成本管理体系，从而助力于实现成本的有效控制和优化，提升企业的经济效益。在这个过程中，各层级的管理者和执行者能够明确其在成本管理中的责任和任务，形成合力，共同推动企业成本管理的持续改进和优化。

（二）按管理层次分类

在管理会计的体系中，成本管理目标可形成层级清晰、责任明确的管理框架。根据涉及的管理层次不同，成本管理目标可划分为高层目标、中层目标和基层目标。这种分类方式有助于将成本管理目标逐层分解并落实到具体的执行层面，以实现企业的成本控制和优化目标。

（1）高层目标。高层目标是由企业最高管理层承担的成本目标。在这一层面上，最高管理层通过成本决策影响和控制整个企业生产经营活动的成本构成及水平，承担整个企业的成本总目标。高层目标通常基于企业的长期战略和总体发展规划设定，对企业的成本控制和资源配置提出了全局性的要求。高层目标的实现往往依赖于企业的整体战略方向和资源配置策略。

（2）中层目标。中层目标是由企业中层职能部门承担的成本目标。它是企业成本总目标按照组织结构、职能分工分解落实给各职能部门和业务单元所形成的部门目标。中层目标通常具有一定的具体性和可执行性，对中层管理者提出了明确的成本控制要求和责任。通过实施中层目标，企业能够在各个职能部门和业务单元实现成本控制，推进企业的成本管理工作。

（3）基层目标。基层目标是在企业各部门、各环节、各岗位履行过程中，有关岗位、个人应承担的成本目标。它要求企业做到岗位有成本责任、个人有成本目标，以实现"谁主管、谁负责"的要求。基层目标通常具有高度的操作性和实际性，能够引导企业的基层员工关注成本控制，提升成本管理的执行效率。

基于按管理层次分类的成本管理目标，企业能够构建出一套层次清晰、责任明确的成本管理体系，来助力实现企业的成本控制和优化。在这个体系中，各层级的管理者和执行者能够明确自身在成本管理中的责任和任务，形成合力，共同推动企业成本管理的持续改进和优化。

（三）按主要环节分类

（1）研究开发成本目标。研究开发成本目标注重在明确研究方向与项目的前提下确保研发成功率的提升，从而有效控制研发支出的风险，减少无效研发支出的规模与比例。其核心在于降低无效研发的可能性，确保投入的资金能够得到有效的利用和回报。

（2）产品设计成本目标。产品设计成本目标旨在在满足产品性能、质量和定位要求的条件下，合理选择技术、工艺、设备和材料等方案，降低设计环节的成本。其目标是在确保产品质量与性能的同时努力使产品设计具有经济性，以此来降低总成本。

（3）要素供应成本目标。要素供应成本目标关注于在符合质量要求的前提下，控制要素资源的供应数量和价格。要素供应对于生产经营过程的成本控制具有重要的制约作用——合理的供应链管理可以有效地控制生产成本，为企业的成本控制奠定基础。

（4）生产制造成本目标。生产制造成本目标着眼于在保证产品质量和功能的前提下，控制生产耗费的数量水平，提高生产能力利用率，降低单位产品成本，以求使产品具有市场竞争所要求的成本优势。企业可以通过优化生产流程、提高生产效率与资源利用率，达成降低单位产品成本的目标。

（5）营销服务成本目标。营销服务成本目标聚焦于提高营销效率与效果，合理组织产品配送，在为顾客提供优质售后服务的同时努力降低销售耗费、配送成本及服务费用。优化销售与服务流程，提高运营效率，可以在保证服务质量的同时降低营销与服务的成本。

（6）职能管理成本目标。职能管理成本目标侧重于通过最佳的管理方案和效率，组织企业开展各项生产经营活动，不断降低管理耗费，避免因决策失误而导致的损失。持续优化管理流程与方案，提高管理效率，可以有效降低管理成本，提高企业的整体运营效率与效益。

（四）按责任主体分类

（1）决策主体成本目标。决策主体负责企业的总体及相关重要项目的决策；决策主体成本目标主要是通过选择最佳决策方案，来实现成本与收益之间的最优关系。为达成此目标，决策主体需对不同决策方案的成本和预期收益进行详尽的分析和比较，以确保所选方案能在满足企业战略目标的同时实现成本的最低化和收益的最大化。

（2）组织主体成本目标。组织主体为企业的专职成本管理机构和人员；组织主体成本目标是根据企业的组织结构和职责分工，对成本总目标进行进一步的细化和落实，并对成本管理进行协调和监控，以确保成本总目标的实现。在这一过程中，需要识别和分析不同组织单元的成本结构和成本驱动因素，为每个组织单元设定明确、可衡量的成本目标，并通过持续的监控和协调，确保各组织单元能够按照预定的目标进行成本控制。

（3）执行主体成本目标。执行主体为具体执行成本控制的部门、岗位和人员；执行主体成本目标与执行主体的具体工作职责直接相关。为实现执行主体成本目标，需要明确执行主体的可控成本与不可控成本，以及与其工作职责直接相关的成本目标,并通过具体的成本控制措施和方法,帮助执行主体实现成本控制的目标。

按照责任主体确定成本管理目标是一种有效的成本管理方法。明确不同责任主体的成本目标和责任,有助于企业更好地实施责任管理和责任考核,推动各责任主体对成本控制的重视和参与,从而实现企业的总体成本管理目标。各责任主体则应根据自身具体的职责和能力,采取实际可行的成本控制措施,推动企业成本管理工作的持续改进与优化。

(五)按涉及时间长度分类

(1)长期目标。长期成本管理目标一般涵盖多个会计年度,通常是企业在两年、三年、五年或更长时期的成本规划。长期目标能为企业成本管理工作提供方向性指导,对年度或更短期间的成本目标具有导向作用。长期成本管理目标的制定需要基于企业的长期战略规划,并考虑市场、技术及行业发展趋势,以确保企业未来的发展能在一个健康、可持续的成本结构下进行。

(2)年度目标。年度成本管理目标是企业在每个会计年度开始前,根据当前的生产工艺技术水平、历史成本状况、成本决策要求及外部环境变化确定的。年度目标的制定通常需要综合考虑企业的年度业务量预计、资源供应情况及市场竞争状况,以确保企业在该年度内能够实现成本控制的目标,从而为企业的生产和运营提供明确的成本控制依据。

(3)季度目标。季度成本管理目标是年度目标的进一步细化和分解,主要用于指导季度内的成本控制工作和资源配置。季度目标的制定通常需要考虑季度内可能出现的市场、供应链等变化,以确保季度目标的实际性和可执行性。季度目标虽是年度目标的细化,但企业可以根据实际运营情况做出动态调整。

(4)月度目标。月度成本管理目标是对年度或季度目标的进一步细化,它为月度内的资源获取和成本控制提供重要依据。月度目标的制定需要考虑每月的实际运营情况,可能因各月实际情况的不同而存在差异。月度目标的制定和执行能帮助企业更好地监控和控制成本,及时发现和解决成本控制中出现的问题。

通过设立时间长短不同的成本管理目标,企业能向员工清晰地揭示不同时间长度成本目标之间的内在联系,帮助员工树立长远和战略的观念,克服成本控制中可能出现的短期行为。这种分类方法有助于企业从不同的时间维度对成本进行合理的规划和控制,以实现企业短期和长期的成本管理目标,推动企业的持续、健康发展。

(六)按业务量水平分类

(1)单位业务量成本目标。单位业务量成本目标主要关注的是每个业务单位的成本控制。这种类型的成本目标可以进一步细分为分项单位成本目标和综合单位成本目标。分项单位成本目标是针对单个业务单位的各个成本项目设定的成本目标,例如原材料成本、人工成本和制造费用等,而综合单位成本目标则是通过汇总各分项单位成本目标来确定的。这种分类方式有助于企业明确每个业务单位的成本控制责任和目标,推动企业从微观层面实现成本控制的目标。

(2)总业务量成本目标。总业务量成本目标是针对预定业务总量来确定的,它反映了企业在一定时期内对整体成本控制的规划和目标。通常,企业会先确定一定时期的生产经营业务总量,然后根据单位业务量成本目标等资料来确定总业务量成本目标。总业务量成本目标可以按综合成本来反映,也可以按成本项目来反映。在确定总业务量成本目标后,企业还需要确定期间费用及其他非生产经营耗费目标,以形成一定时期的全部成本和费用总目标。这种方式有助于企业从宏观层面对成本进行规划和控制,以实现企业的总体成本管理目标。

在按照业务量水平对成本管理目标进行分类的过程中,企业可以根据实际的业务量和需求,确定产品、部门、期间等的生产要素需求总量及总成本，然后按照要素费用项目来确定一定时期内整个企业的全部要素费用目标。这种分类方式不仅可以帮助企业明确各业务单位和总体业务量的成本控制目标，还可以为企业的要素资源配置提供明确的依据，从而推动企业实现成本控制的目标，提高企业的成本管理效率和效果。

（七）按适用对象分类

（1）业务成本目标。业务成本目标是针对企业各项生产经营业务所设定的成本目标，具有较强的针对性和操作性。其核心在于对特定业务流程或产品的成本进行规划和控制，以实现企业整体成本管理的目标。业务成本目标可细化为不同的成本项目，如原材料成本、人工成本和制造费用等，也可以进一步细化到数量和价格等影响因素。业务成本目标可以是针对完工产品的成本目标，也可以是针对各工序、各步骤或零件、部件产品的成本目标。通过设定业务成本目标，企业能够明确各业务环节的成本控制责任，推动企业在生产和经营过程中实现成本的有效控制。

（2）部门费用目标。部门费用目标是根据企业内部各职能部门的职责和归口分级管理要求确定的费用目标。其目的在于推动各职能部门按照企业的成本管理要求，实现职能部门的费用控制目标。部门费用目标可以按成本性质来确定，也可以基于历史成本资料进行调整确定，还可以根据企业的报销限额或包干指标来确定。通过设定部门费用目标，企业能够明确各职能部门的费用控制责任，推动各职能部门在日常运营中实现费用的有效控制，从而为企业整体成本管理提供支持。

（八）按目标形式分类

（1）数量目标。数量目标主要从单位业务量耗费的要素资源的数量角度来确定目标，它关注的是如何在保持或提升产品质量或服务水平的前提下，有效地控制或降低资源的消耗量。数量目标可以是单项的，如每单位产品的原材料用量、能源消耗量或人工小时数等；也可以是总体的，如基于既定业务量的总数量目标。通过设定和执行数量目标，企业能够推动资源的高效利用，降低单位产品的资源消耗，从而实现成本的控制和降低。

（2）价格目标。价格目标主要关注单位要素资源的价格控制，它针对的是企业在采购原材料、设备、外包服务等过程中能否按照预定的价格目标进行。价格目标可以涵盖各种成本要素的采购价格，如原材料的单价、外包服务的费率等。通过设定和执行价格目标，企业能够控制成本要素的采购价格，降低生产和运营的成本，提升企业的成本管理效率。

（3）成本目标。成本目标是针对特定业务量的分项及综合成本金额指标。它可以分为单位业务量的分项及综合成本目标和业务总量的分项及综合成本目标。分项成本目标关注单个成本项目的控制，如原材料成本、人工成本等；而综合成本目标则是对各分项成本目标的汇总，表达为单位业务量或总业务量的总成本。通过设定和执行成本目标，企业能够明确成本控制的具体目标和要求，推动各成本项目的有效控制，从而实现企业总体成本管理的目标。

三、成本管理目标体系

（一）成本计划

成本计划是企业遵循成本决策方案要求，根据历史成本水平和现有生产技术条件，结合市场调研、预测，考虑计划期内影响成本水平的相关因素和企业成本管理的具体要求，对一定时期、一定业务总量水平的产品成本和期间费用等所做的预先安排。[1]

编制成本计划是企业成本管理工作的重要环节，它是企业落实成本和费用控制责任的基础。明确的成本计划，可以使企业清晰地界定各

---

[1] 何成兵，石洁，许甜.当代企业成本会计管理理论与实务研究[M].成都：电子科技大学出版社，2018：38.

业务部门和职能部门的成本控制责任，为企业的成本分析、考核和评价提供标准。成本计划还是要素资源配置计划和利润及其分配计划的编制依据，能够帮助企业更好地配置资源，优化成本结构，实现企业的利润目标。

1. 成本计划的不同内涵

狭义的成本计划指产品成本计划，是基于单位产品或全部产品编制的成本计划。而广义的成本计划则是产品成本计划和各项费用预算的总称。

2. 成本计划体系

成本计划体系是企业成本管理的核心组成部分。系统、科学地编制和实施成本计划，能够帮助企业实现成本的有效控制、资源的优化配置，提高企业的经济效益。成本计划体系主要包括以下几个方面的内容。

（1）生产单位制造费用预算。生产单位制造费用预算主要关注企业各生产单位在组织和管理生产活动过程中所产生的间接耗费。明确各生产单位的制造费用预算，能够帮助企业控制和降低生产单位的间接耗费，推动生产单位提高生产效率和管理效率，为企业的成本控制和降低提供支持。

（2）产品单位成本计划。产品单位成本计划主要反映计划期内各种产品的单位成本的具体构成和水平，以及相关的技术经济指标。明确产品的单位成本计划，能够帮助企业控制和降低产品的单位成本，提高产品的成本效益，为企业的利润增长提供支持。

（3）全部产品成本计划。全部产品成本计划主要反映企业计划期内全部产品的计划产量、单位成本、总成本、成本降低率等指标。明确全部产品的成本计划，能够帮助企业对全面产品的成本进行明确的规划和控制，推动企业实现成本降低和利润增长的目标。

（4）各项期间费用预算。各项期间费用预算主要用于分项列示计划期内的期间费用和具体项目的预算金额。明确期间费用的预算，能够帮助企业控制和降低期间费用的发生，为企业的利润增长提供支持。

（5）其他耗费预算。其他耗费预算主要是对企业产品成本、期间费用之外的各项耗费进行预算。明确其他耗费的预算，能够帮助企业对非生产和非经营性费用进行明确的规划和控制，为企业的成本管理提供支持。

（6）全部生产费用预算。全部生产费用预算主要是按照费用要素编制，反映企业一定时期内生产、经营、管理等各项活动的要素资源耗费情况。明确全部生产费用的预算，能够帮助企业实现对生产、经营、管理等各项活动的成本控制，为企业的成本管理提供有力的支持。

（二）具体成本目标

1. 根据各主体的影响能力确定具体成本目标

不同的成本主体对决定成本、费用水平的价格因素、业务量因素、消耗水平因素等，均有不同的控制或影响能力。企业在制定具体成本目标时，要充分考虑这一具体情况。

（1）对于供应生产要素职能部门来说，其具体成本目标应是生产要素的结构、数量、质量和价格。

（2）对于产品加工的生产部门来说，其具体成本目标应与生产要素耗用水平有关。

（3）对于决定业务数量的管理部门来说，应基于业务量水平安排和调整部门具体成本目标。

（4）对于其他专项管理的职能部门来说，应根据其具体职责，明确费用项目、开支标准、控制方式和预算金额。

2. 根据具体成本控制方式确定具体成本目标

在成本管理中，根据具体成本控制方式确定具体成本目标是至关重要的，它能够帮助企业明确成本控制的方向和要求，推动企业实现成本的有效控制和降低。

（1）根据产品、作业关系确定具体成本目标。在实施作业成本控制的企业中，根据成本的性质将生产经营耗费划分为变动成本和非变动成本是确定具体成本目标的基础。对于变动成本，以单位变动成本为目标，有助于企业清晰地了解和控制每单位产品的成本构成，提高成本的可控性。对于非变动成本，则需要根据"资源—作业—产品"的关系，建立相应的成本控制目标，以实现对非变动成本的有效控制和降低。

（2）根据可控性确定具体成本目标。成本和费用的可控性是确定具体成本目标的重要依据。只有那些特定主体能够决定其发生与否、发生时间和发生金额的成本和费用项目，才能落实为该主体的成本和费用目标。通过明确成本和费用的可控性，企业能够将成本控制责任明确到具体的主体，提高成本控制的实施效果。

（3）根据业务量影响确定具体成本目标。业务量的不同会直接影响成本和费用的总额。当以成本计划总额或费用预算总额为成本目标时，业务量的变化会导致成本和费用总额的变化。而单位业务量成本目标可以直接与实际数值对比，反映目标完成情况，更有助于企业明确成本控制的具体要求。因此，以单位成本为基础，通过增减额、增减率确定具体的成本目标，能够直接指明成本控制的具体要求，为企业的成本控制提供明确的指导。

3. 根据成本、费用的内在关系确定具体成本目标

（1）根据产品成本目标与责任主体成本目标的关系确定具体成本目标。如图2-4所示，甲、乙、丙三种产品均需要经过工序一、二、三进行加工，而这三个工序会形成A、B、C三个责任主体，每个主体均发生材料、人工、制造费用的消耗，最终，可以按照责任主体分解落实具体成本目标，也可以按产品落实具体成本目标，还可以将其成本目标结合责任主体分解落实。

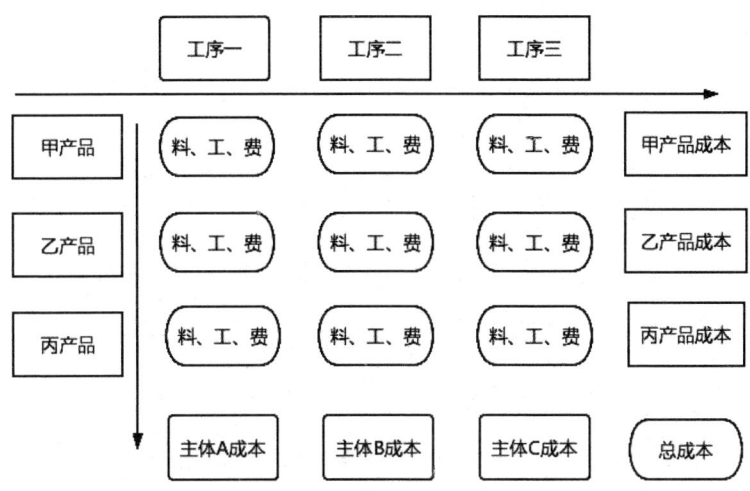

图 2-4　产品成本目标与责任主体成本目标的关系

（2）根据综合成本目标与不同驱动因素成本目标的关系确定具体成本目标。综合成本目标与不同驱动因素成本目标的关系如图 2-5 所示。

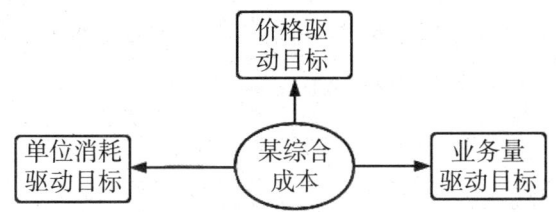

图 2-5　综合成本目标与不同驱动因素成本目标的关系

分解确定各基层责任主体具体成本目标，应将决定相关驱动因素成本目标的业务环节、责任主体与其所能控制的成本驱动因素结合起来，使成本、费用在适当环节由适当主体实施有效控制，防止控制责任、措施与效果背离。

（3）根据成本发生空间与责任主体的关系确定具体成本目标。成本发生空间与责任主体的关系如图 2-6 所示。

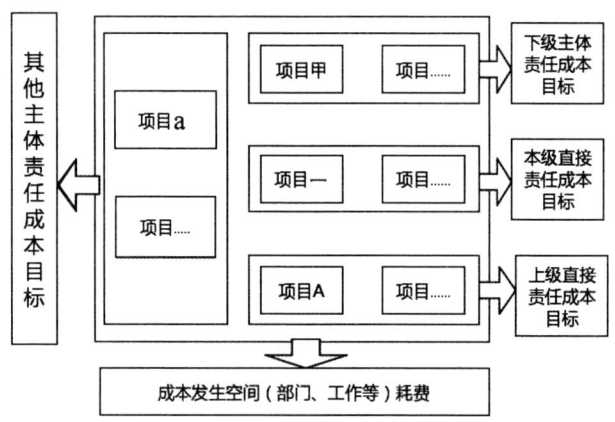

图 2-6 成本发生空间与责任主体的关系

对于特定空间内产生的成本与费用,根据各主体对其可控性的差异,可按照下级责任主体、本级责任主体、上级责任主体及其他责任主体分类,分别确立对应的具体成本目标。此方法在责任成本分解过程中得到广泛应用。

(4) 根据不同管理层级成本目标的关系确定具体成本目标。不同管理层级成本目标的关系如表 2-1 所示。

表2-1 不同管理层级成本目标的关系

管理层级	企业		部门	岗位
成本目标	企业成本目标及要素费用预算目标	产品(劳务)成本计划	制造费用及分配预算	岗位成本、费用目标
			产品、劳务直接成本	
			产品、劳务单位成本	消耗定额 单位价格 包干金额 费用限额 质量指标 ……
	制造系统成本目标	期间费用预算	销售费用预算	
			管理费用预算	
			财务费用预算	
	管理系统费用预算	其他耗费预算	研发费用预算	
			设计费用预算	
			要素供应预算	
			……	

第二章 成本管理的基本理论

不同管理层级所承担的成本目标存在差异。企业应将成本与费用的总目标依据责任层级进行分解与落实,自最高层传递至中层各部门,再由中层各部门延伸至基层各岗位,以使成本控制目标由宏观到微观,逐步具体化与实现。

(5) 根据职能成本、责任层次、成本可控性、目标期间诸关系确定具体成本目标。职能成本、责任层次、成本可控性、目标期间诸关系如表2-2所示。企业成本目标可以从多角度进行认识和界定。不同管理需要、不同控制方式要求与之适应的成本目标分解、落实方式,多重管理要求并存,同时要建立不同角度成本目标之间的关系,落实成本责任。

表2-2 职能成本、责任层次、成本可控性、目标期间诸关系

分析角度	职能成本	责任层次		成本可控性		目标期间
成本目标	制造成本 研发成本 设计成本 采购成本 营销成本 服务成本 管理成本	高层	最高管理者承担的企业成本总目标 最高管理者直接责任成本目标、汇总部门责任成本目标	控制时间	事前 事中 事后	短期战术目标 长期战略目标
		中层	生产单位(分厂、车间、工段、班组)、管理部门(科室)成本目标 部门负责人直接责任成本目标、汇总下级责任成本目标	控制空间	部门 层次 环节	
		基层	岗位、个人直接责任目标	控制能力	业务量 效率 价格	

(6) 根据单位产品成本项目目标及其影响因素的关系确定具体成本目标。单位产品成本项目目标及其影响因素的关系如表2-3所示。单位产品各成本项目的水平受数量、价格及结构等因素所影响。具体而言,影响直接材料成本项目金额的因素包括材料耗用量(数量)、材料单位成本(价格)以及材料消耗结构等;而影响直接人工成本项目金额的因素

包括工时耗用量（数量）、小时薪酬（价格）以及薪酬等级结构等。制造费用通常涉及工时与小时费用率两个因素，若对制造费用的不同明细项目分别考虑，则费用结构因素也会产生影响。除此之外，相较于变动制造费用，固定制造费用还受到产能利用影响因素的影响。标准成本控制正是这种成本目标落实方式的实际应用体现。

表2-3 单位产品成本项目目标及其影响因素的关系

成本项目目标内容	直接材料		直接人工		制造费用	
	数量	价格	数量	价格	数量	价格
影响因素	数量1	价格1	数量1	价格1	数量1	价格1
	数量2	价格2	数量2	价格2	数量2	价格2
	……	……	……	……	……	……

（7）根据业务成本目标与生产工艺特点的关系确定具体成本目标。

①考虑业务成本目标与生产步骤之间的关系。在连续加工流程的多阶段生产条件下，可结合产品的生产过程及各阶段的耗费状况，将末阶段产品成本各成本项目的金额分解至前序各生产阶段，从而构建各生产阶段的具体成本目标，如图2-7所示。

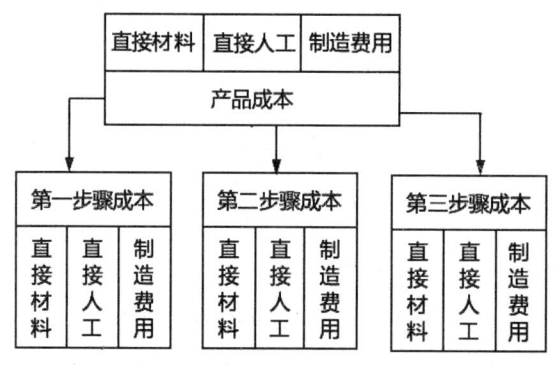

图2-7 业务成本目标与生产步骤的关系

②考虑业务成本目标与零件、部件、产品的关系。组装产品成本目标可进一步分解并落实为不同部件的成本目标和组装环节的加工费用，

而部件成本目标亦可进一步分解为不同零件的成本目标和部装环节的加工费用,如此逐级细化,直至将零件加工环节的直接材料、直接人工与制造费用目标落实至基层责任主体。此种成本目标确定方式主要适用于责任成本控制的场景。业务成本目标与零件、部件、产品之间的关系如图2-8所示。

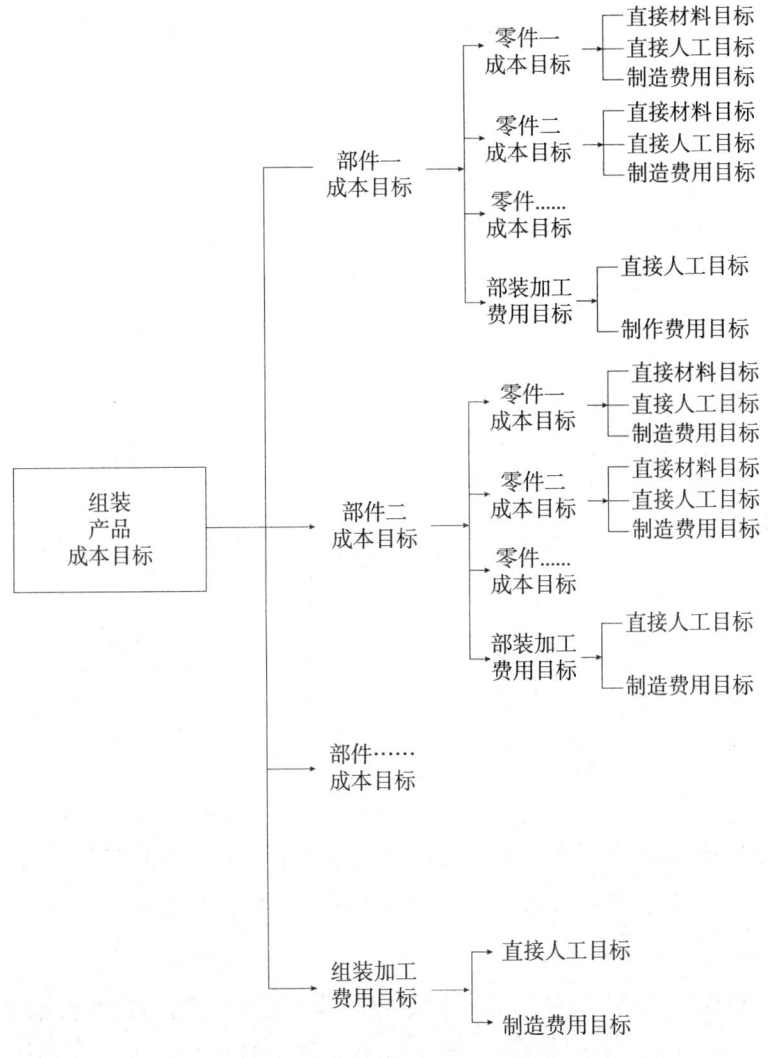

图2-8 业务成本目标与零件、部件、产品的关系

第三章 成本控制的基本理论与实践

第一节 成本控制的定义和目标

一、成本控制的定义

成本控制有广义与狭义之分。

狭义的成本控制是在成本形成过程中,对生产经营活动中的各种耗费,进行指导、限制和监督,及时发现偏差,采取纠正措施,使各项生产耗费被控制在原先所规定的范围内,并不断推广成本控制的先进经验,不断改进控制措施,不断降低成本,以保证实现或超过规定的成本目标。

广义的成本控制涵盖了成本预测、成本决策、成本计划、成本核算、成本日常控制、成本分析与考核七个环节,与成本管理的内容相吻合。依据现代控制论的理念,管理的过程即控制的实施过程。成本管理是对全过程——包括事前、事中和事后——完整、系统、有效的控制(它们被分别称为前馈控制、防护性控制和反馈控制),即广义成本控制,它呈现为一个循环过程。通过这种循环过程,企业能够预测成本、制定针对性的成本决策和计划,实施日常的成本控制,进行成本核算以及成本分析与考核,以确保成本的有效管理和控制,进而实现成本降低和企业效率的提升。

二、成本控制的特点

成本控制作为企业运营管理的核心组成部分，其特点对企业的长期发展和短期效益具有深远的影响。

（一）不可逆转性

成本控制的核心目标是确保成本费用的合法、合理和有效发生，从而达到优化资源配置、提高经济效益的目的。然而，在实际操作过程中，一旦成本费用发生，其结果往往是不可逆转的，即无法通过后续操作来回收或减轻已发生成本的影响。这种不可逆转性要求企业在成本控制过程中强化事前和事中控制，通过严格的预算编制、审批流程、采购管理和内部审计等措施，确保成本费用的合法、合理和有效发生，从而避免或减轻由于失控导致的财务损失和经济风险。

（二）内容丰富、项目细致

成本控制涵盖了企业的各项成本和费用，包括直接材料、直接人工、制造费用、销售费用和管理费用等，涉及的内容丰富、项目细致。例如，直接材料控制可能涉及数十乃至数百种不同的材料，每种材料的采购、使用和存储都需要进行严格的控制和管理；管理费用控制则可能涉及三级乃至四级明细项目，具体内容和项目非常繁多、细致。这种特点要求企业建立完善的成本控制体系和细致的控制程序，通过科学的分类、计量、分配和分析方法，对各项成本和费用进行有效的控制和管理，以实现成本优化和经济效益的提升。

（三）涉及部门多，协作性强

企业的运营依赖于各个部门和单位的协同工作。每个部门和单位在为企业创造价值的同时会消耗企业的资源，这些资源的耗费最终形成企业的成本费用。成本控制不仅仅是财务部门或者管理层的任务，而是涉及企业内部的每个部门和单位。每个部门和单位都需要认识到成本控制的重要性，并积极参与到成本控制的实施过程中来。只有通过各个部门和单位的协调合作，才能使成本控制实现预定的目标，进而提高企业的经济效益和竞争优势。这种涉及部门多、协作性强的特点要求企业建立完善的内部协调机制，确保所有的部门和单位都能在成本控制的框架下有效运作。

（四）流程化、规范化

成本控制的实施要基于严格的、规范的控制流程，以确保成本费用的合理、合法和有效发生。流程化和规范化的成本控制可以帮助企业明确成本控制的步骤、方法和标准，避免因为流程的不清晰和不规范导致的成本失控和经济损失。例如，在生产成本控制的过程中，企业需要制定明确的定额与标准，编制合理的生产计划，实施严格的领料、记录工时与产量、记录动力消耗和核算等程序。

在这些流程中，企业要设置控制点，如审批、签发、审核、稽核、记账和对账等，以监控成本费用的发生，并确保其符合预定的目标和标准。流程化、规范化的成本控制，不仅能够帮助企业提高成本控制的效率和效果，还能够促进企业内部的协调和合作，使企业形成一个良好的、有利于成本控制的内部环境。

三、成本控制的目标

管理会计作为一种向管理层提供决策支持信息的工具，在企业运营中起着至关重要的作用。成本控制是管理会计体系中的关键环节，旨在确保企业的成本费用发生在合理和可接受的范围内，从而促进企业的财务健康和持续发展。

(一）保证成本费用发生的合理性

保证成本费用发生的合理性，是成本控制的目标之一。在此目标下，企业需遵循国家的相关法律法规以及企业自身的规章制度，以明确哪些成本费用应该发生、哪些不应该发生。国家法律法规为企业提供了一个基本的法律框架，而企业内部的规章制度则为成本控制提供了具体的操作指南。在这一目标的指导下，企业应制定严格的标准和控制程序，以确保成本费用的合理性和操作的规范性。通过制定明确的成本标准和控制程序，企业能够更好地监控和管理成本费用的发生。例如，通过预算控制和标准成本系统，企业能够对预期的成本费用进行预测和控制，同时能够及时发现和纠正任何不合理的成本费用发生。通过对实际成本与预算成本或标准成本的对比分析，企业能够及时识别并解决存在的成本控制问题，从而达到优化资源分配、提高运营效率和实现财务目标的效果。保证成本费用发生的合理性，不仅能够帮助企业维护财务健康，还有助于提高企业的竞争力和市场地位。通过有效的成本控制，企业能够在保持产品和服务质量的同时降低运营成本，从而促进企业的长期发展目标的实现。

(二）保证成本费用发生的有效性

保证成本费用发生的有效性是成本控制的目标之一，它涉及企业内部控制制度的建立与完善。有效的内部控制制度是确保成本费用发生的有效性的基础，能够在一定程度上避免不必要或过度的费用支出，同时促进资源的合理分配和利用。

企业应当建立和完善内部控制制度，优化业务处理流程，以确保成本费用的合理与有效。在业务流程中设置明确的控制点，采取各种控制措施如审批、签发、审核和稽核等，可以实时监控成本费用的发生，以及时发现和纠正存在的问题。这些控制措施能够使整个成本费用的发生过程处于有序的控制之中,保证每一笔费用的发生都符合企业的经济效益目标。

在管理会计的框架下,成本控制的目标之一是通过分析和评估不同的成本驱动因素和成本行为,来确保成本费用的有效性。这包括对各种成本要素的分析,如对直接材料、直接劳动和制造费用的分析,以及对不同业务流程和活动的评估,来确保成本费用的合理分配和有效控制。

企业应通过利用管理会计的工具和方法,如预算控制、标准成本系统和成本差异分析,以及通过制定和监控各项成本指标,来实现成本费用的有效控制。通过这些方法,企业能够实现对成本费用的精细化管理,确保每一笔费用的发生都能为企业创造价值,从而促进企业长期战略目标的实现和企业整体经济效益的提升。

(三)保证成本费用确认的正确性

保证成本费用确认的正确性是成本控制目标的重要组成部分,它与企业的会计处理直接相关,对于确保财务报表的真实性和可靠性具有重要意义。在企业的运营过程中,成本费用的确认是一个复杂且重要的环节,涉及生产成本、期间费用、资本性支出和收益性支出的区分与处理,以及成本计算方法和费用分配方法的选择与应用等。错误的成本费用确认会导致财务报表失真,影响企业管理者和外部利益相关者的决策。

企业在成本费用确认过程中可能会遇到多种问题,例如将费用误认为资产或将资产误认为费用,或者随意变更成本计算方法和费用分配方法,这些问题都会严重影响成本费用确认的正确性。为了解决这些问题,企业需要根据国家的相关法律法规和会计准则,明确生产成本和期间费用、资本性支出和收益性支出、营业支出和营业外支出的界限,以及本期成本费用与下期成本费用的界限。在成本控制的实践中,企业应建立完善的成本费用确认制度和流程,明确成本费用确认的条件和标准,以确保成本费用的正确性。企业应加强对成本费用确认过程的监控和审核,确保成本费用的确认与实际发生的经济业务相一致，避免因错误的成本费用确认导致财务信息失真。

企业应利用管理会计的方法和工具，对成本费用的确认进行细致的分析和核算。企业可以通过成本计算、费用分配和成本差异分析等方法，准确地识别和计量成本费用，确保成本费用确认的准确性和合理性。通过对成本费用确认过程中可能出现的问题进行预警和监控，企业能够及时发现和纠正错误，提高成本控制的效果。

（四）保证成本费用计量的准确性

保证成本费用计量的准确性是成本控制过程中的核心环节，它关系到财务报表的质量和企业的决策质量。成本费用的正确计量不仅是正确确认成本费用的基础，还是企业财务信息系统的基石。在成本费用计量过程中，企业需通过严格的内部控制机制和高效的核算体系来确保计量的准确性。

成本费用计量的准确性涉及多个层面，包括会计信息载体的可靠性和财务报表的正确性。企业应在成本费用计量过程中设置核查、稽查和对账等控制点，以确保成本费用的准确计量。这些控制点能够有效地防止有意或无意的计量错误，确保成本费用的真实性和准确性。例如，对于特殊产品和材料的计量，企业应考虑咨询相关领域的专家意见，采用物理、化学或其他科学的计量方法，以保证计量的准确性。对于可能发生损耗的存货，企业应制定合理的损耗额度标准，以此为依据对存货进行准确的计量。

准确计量企业所发生的成本费用是正确计量企业利润总额、所得税和净利润的重要保证。准确的成本费用计量，能够使企业准确地计算和报告其财务绩效，为企业的决策提供可靠的信息支持。准确的成本费用计量也是企业遵守国家法律法规、满足税务和财务报告要求的基础。为了实现成本费用计量的准确性，企业应持续优化自身的成本计量体系和内部控制机制，提高成本计量的科学性和准确性，大力支持成本控制和成本管理工作。

（五）保证成本费用记录和报告的真实性和及时性

保证成本费用记录和报告的真实性和及时性是实现有效成本控制和高质量财务报告的基础。企业通过日常账务处理和周期性财务报表编制，可以为生产经营活动提供真实、及时和有用的会计信息。在这个过程中，成本费用信息的真实性和及时性成为其有用性的重要前提，它们会直接影响到企业管理层和外部利益相关者对企业经济活动的理解和判断。

真实性是指成本费用记录和报告应准确反映企业实际发生的经济事务和事件，无任何虚假或误导。为保证真实性，企业应建立严格的内部控制系统和审核机制，确保所有成本费用的记录都基于有效的源文件和准确的计量数据。企业应遵循适用的会计准则和法律法规，确保成本费用的分类、计量和确认符合规定要求，从而保证成本费用记录和报告的真实性。

及时性是指成本费用记录和报告应在适当的时间内完成，以满足内外部利益相关者的信息需求。为保证及时性，企业应优化账务处理流程，提高账务处理效率，确保成本费用信息能够被及时准确地记录和报告。企业应建立周期性财务报表编制流程，确保按照预定的时间表完成年度、季度和月度财务报表的编制，及时向管理层和外部利益相关者报告成本费用情况。企业可以利用现代信息技术，如企业资源计划系统和财务管理系统，来提高成本费用记录和报告的及时性和效率。

（六）保证成本费用发生的合法性

保证成本费用发生的合法性是成本控制的目标之一，其重要性不仅体现在维护企业的财务健康和商业信誉，还关乎国家税收的真实性、充足性和稳定性。成本费用作为企业利润的抵减项目，其合法性直接影响到企业的利润水平和国家税收收入。在收入确定的前提下，成本费用的多少将直接决定企业的利润水平,而企业利润又是国家税收的重要组成部分。因此,国家制定了一系列法律法规,明确了成本费用的开支范围、归集项目、确认条件、计量标准、记录规则和报告条例,以保证成本费用的合法性和真实性。

在此背景下,企业应依据国家的法律法规和会计准则,实施严格的成本控制,确保成本费用的合法性。企业应建立完善的内部控制制度和审计机制,对成本费用发生过程中的各项手续、程序和文件记录进行严格的控制和监督,确保所有的成本费用都是合法、合理和必要的。企业应加强对成本费用的计量、记录和报告的监控,确保成本费用的账面反映和财务报表披露符合国家法律法规和会计准则的要求。在成本费用确认和计量的过程中,企业应严格遵守相关的会计准则和测量标准,防止出现任何虚假、误导或非法的成本费用记录和报告。

第二节 成本控制的方法和技术

一、成本控制的方法

企业应当建立成本控制系统,强化成本预算约束,推行质量成本控制办法,实行成本定额管理、全员管理和全过程控制。①

(一)全面成本管理

全面成本管理包括全员成本管理和全过程成本管理两层含义。② 在全员成本管理的框架下,成本责任被分散至企业内部的每个部门和每名员工。这意味着管理层和操作层的员工都在成本控制的范围内承担特定的责任。全过程成本管理则强调,所有有可能导致成本发生的活动都应被

---

① 贺志东. 企业成本管理操作实务大全[M]. 北京:企业管理出版社,2018:446.
② 贺志东. 企业成本管理操作实务大全[M]. 北京:企业管理出版社,2018:446.

纳入成本控制的考量范围。这一原则确保了从原材料采购到产品制造再到后续的销售和服务，每一个环节都被严格地管理和控制。这样的全面性既能增加成本控制的准确性，也能提高企业资源的整体利用效率。

1.全员成本管理

全员成本管理涉及全体部门和员工，在企业的成本控制策略中占据核心地位。该管理模式强调的是各方在成本控制中的积极参与和主动性。一方面，它要求建立一套全面而广泛的责任成本制度；另一方面，它要求将专业性的成本控制策略与群众性的成本控制活动有效地结合在一起。通过这种方式，企业能够确保各项费用定额、开支标准和成本目标更加合理，成本降低措施得到有效执行。

为了有效地实施全员成本管理，企业需要注意以下几点。首先，制定客观、准确和适用的成本控制标准是至关重要的。这些标准将作为评价和激励机制的基础，因此要非常明确并且易于理解。其次，员工应被鼓励参与标准的制定过程，或者至少需要充分了解制定标准的依据和必要性。这不仅可以提高员工对成本控制工作的认同感，还可以增加整个过程的透明度。再次，员工应被告知企业的实际运营状态和可能面临的困难，以便他们能更好地适应工作需求并做出相应的成本控制决策。最后，适当的激励机制，如绩效奖金或职位晋升，可以显著提高全员成本控制的积极性。

需要注意的是，对于成本超支和管理过失的处理应是冷静和建设性的。分析成本不利差异的根本目的应是寻找和实施解决方案，而不是单纯的处罚。

通过上述全方位、多层次的方法，全员成本管理不仅可以有效地降低企业成本，还可以显著提高企业的竞争力和市场适应能力。

2.全过程成本管理

全过程成本管理强调在产品或服务生命周期内实现全面的成本控制，

包括从产品规划、设计、研制到工艺、质量、采购、销售、物流各环节发生的成本,以及产品在使用过程中的运行、维修和保养成本。这一管理方式超越了仅关注制造成本的传统模式,提供了一种更为全面和深入的成本控制途径。研究表明,当企业能够对产品或服务的整个生命周期成本进行有效管理时,成本降低的可能性将大大提高。

全过程成本管理的成功实施依赖于多个因素。首先,员工应具备强烈的成本控制意识和愿望。这包括形成节约成本的习惯和关心成本控制结果的意识,以及与其他部门和个体合作的精神和能力。因为成本控制不仅是一个技术问题,还是一个涉及人力资源、组织结构和企业文化的复杂问题。其次,全过程成本管理要求企业能够准确地收集、分析和使用各种成本信息。这不仅需要先进的信息系统和数据分析工具,还需要员工能够正确地理解和使用这些信息。这样,基于准确和及时的信息,企业才能制定有效的成本控制策略,并据此进行持续的改进。最后,全过程成本管理需要一种从上到下、从下到上的双向沟通和信息流动机制。管理层需要明确成本控制的目标和策略,并有效地将这些信息传达给执行层。执行层则需要能够反馈实际的成本数据和问题,以便管理层进行适当的调整和优化。

(二)成本控制系统

1.组织系统

在成本控制体系中,组织结构的设计和管理居于核心地位。组织结构不仅影响信息的流动和决策的执行,还决定了责任和权利的分配。因此,一个高效的成本控制体系必须与企业的组织结构高度匹配。在企业内部,财务和人事通常是权力集中的领域,而业务经营则更多地采用分权化的模式。这种分权与集权的结合,为成本控制提供了多样化的操作路径。

企业可根据自身的组织结构将各个部门、分厂、车间或科室定义为不同的成本控制单位。这些单位根据其所承担的职责和控制范围，可以进一步划分为成本中心、利润中心和投资中心。成本中心主要聚焦于降低运营成本，提高资源使用效率；利润中心则关注如何通过有效的市场运营和成本管理来最大化净利润；投资中心则以实现最高投资回报率为目标。这些不同类型的控制中心需要各自独立地进行成本控制活动，如数据记录、控制报告的编制以及成本预算的分析与考核。这样的架构不仅可以增加各个单位在成本控制方面的主观能动性，还能够让高层管理者更加容易地进行绩效评估和战略调整。

合理地划分责任中心并确保其与企业的整体战略和组织结构相匹配，是实施有效成本控制的必要前提。只有各个责任中心都能在其职责范围内实施有效的成本控制，企业的成本控制体系才能真正发挥应有的效能。

2.信息系统

在成本控制体系中，信息系统扮演着至关重要的角色。该系统是企业会计体系的一个重要组成部分，专责于为成本控制活动提供必要的信息支持。该系统的主要职能包括责任预算的编制、预算执行情况的核算，以及业绩的分析评价和报告。

责任预算作为信息系统的一个关键组成部分，旨在明确各责任中心的管理人员应负责的事项和应控制的范围。这一预算通常分为销售、生产、成本和财务等多个方面，以确保整个企业的运营活动得到充分的考虑和规划。为便于后续的业绩评价和控制，预算需要按照责任中心进行分解和分配。

在预算执行的过程中，信息系统负责收集和分类实际发生的成本、收入、利润以及资金占用情况。这些数据需要按照责任中心进行分类和汇集，以便进行准确的业绩评价。在这一过程中，共同费用的合理分配和内部转移价格的设置是需要特别注意的问题，因为这些因素直接影响到各责任中心业绩的准确性。

业绩报告是信息系统的重要职能之一。在预算周期结束后，详细的业绩报告可以对预算和实际执行情况进行对比，分析差异产生的原因和责任归属。这不仅有助于企业及时调整成本控制策略，还有利于对管理人员进行更为准确和公正的绩效评价。

除这些基础功能外，信息系统还需要具备一定的灵活性，以适应企业运营中可能出现的各种未预见情况。这就需要企业实施例外报告制度，要求相关人员对任何超出预算或未在预算中规定的事项进行及时报告，以便管理层能够做出迅速和有效的决策。

3. 考核制度

在成本控制系统中，考核制度具有至关重要的地位，是确保责任中心目标与企业整体目标一致性的关键机制。考核制度的主要内容可以细分为以下五个方面。

（1）代表责任中心目标的一般尺度的规定。这些尺度因责任中心的性质和类别而有所不同，可能是销售额、可控成本、净利润或投资报酬率。在特定情况下，还需进一步确定次级目标的尺度，例如市场份额、次品率或资金占用限额。

（2）关于责任中心目标尺度内涵的明确解释。为避免在具体执行过程中出现歧义，目标尺度的内涵需要被明确规定。例如，销售额是指总销售额还是扣除各种折扣和折让后的净销售额。

（3）关于业绩考核标准的计量方法。这包括如何分摊成本以及在相互提供产品或劳务的情况下应采用何种内部转移价格。具体的计算方式，无论是采用历史成本还是重置成本，都需要被明确规定。

（4）采用的预算标准。这里需要明确是使用固定预算还是弹性预算，以及预算是偏宽松还是偏严格。编制预算时使用的各种常数或参数也需要被明确。

（5）关于业绩报告的规定，包括报告的内容、时间和详细程度等。

综合这五个方面来看，考核制度在成本控制系统中起到了多维度、多层次的规范作用。精细化设置并严谨实施的考核制度,不仅有助于明确各责任中心和个体的目标和责任,还能有效地避免执行过程中的模糊性和歧义,进而提高成本控制的准确性和有效性。

4. 奖励机制

在成本控制系统中,奖励机制扮演着激励和引导行为的核心角色,是维持系统有效运行的重要组成部分。该机制通过明确规定业绩与奖励之间的关联,为责任中心与个体提供明确的行为导向。

奖励机制不仅能激发责任中心和个体在成本控制方面的主动性和积极性,还能在很大程度上决定资源配置和工作的优先级。对于责任中心的经理和员工而言,由于其关注焦点主要集中在与业绩评价和奖励相关的方面,因此奖励机制对于引导其行为具有关键性的作用。具体来说,如果某一方面的业绩直接影响到奖励,经理和员工往往会更加重视这一方面的工作。

奖励制度的设计应具有明确性和可预见性,以便被考核的部门和人员能够清晰地了解到业绩与奖励之间的对应关系。这样的设计不仅有助于减少不确定性和模糊性,还能更有效地引导员工将其行为与企业总体目标对齐。奖励机制的设置应当是动态和可调整的,以适应企业环境和战略目标的变化。奖励机制应该是多元和综合的,除财务性指标外,还应包括非财务性指标如客户满意度、内部流程效率等,以实现更全面和平衡的激励。

(三) 成本定额管理

在成本控制体系内,成本定额管理作为一种先进的方法,主要通过预先设定的标准资源消耗量来控制产品成本和期间费用。该方法假设资源价格为恒定,而侧重于资源使用效率和消耗量的优化。

制定标准资源消耗量是成本定额管理的核心环节。通常采用的制定方法有经验估计法、类推比较法、统计分析法和技术测定法。这些方法各有优缺点，但总体目标都是达到最接近实际工作情况的标准资源消耗量。一旦标准资源消耗量确定，通过成本核算便可以揭示实际消耗与定额之间的差异。差异分析不仅需要识别定额差异的根本原因，还需要找出负有责任的单位或个体。这样的信息将及时反馈给相关责任部门或责任者，以便其采取具体有效的纠正措施。

当涉及资源价格的变动时，成本定额管理需要与标准成本管理相结合。除了要制定和比较标准资源消耗量，还需要制定各类资源的标准单价和比较价格的差异。从这个角度看，成本定额管理和标准成本管理在理念上是一致的。

成本定额管理与企业的经济责任制相结合，将产生更加显著的成本控制效果。通过明确的责任划分和标准设定，企业不仅能够更有效地控制成本，还能提高资源使用效率和整体经营绩效。

（四）成本预算控制

成本预算控制在企业财务管理中占据核心地位，它不仅是财务预算的基础组成部分，还是成本控制活动的重要手段。通过成本预算，企业能够设定明确的成本目标和标准，进而规范成本的编制、审定、下达和执行流程。这一过程涉及多个环节，包括预算编制、执行、分析和考核。每个环节都需要严格的管理和监控，以确保预算的准确性和有效性。

在实际操作中，成本预算控制要求企业进行细致的凭证记录和完善的管理规章制度。生产经营月度计划和成本费用的定额、定率标准应得到严格执行。针对预算执行过程中出现的异常情况，应由相关责任部门及时查明原因并提出解决方案。这不仅有助于及时纠正偏差，还能为未来预算编制提供宝贵的经验和数据支持。

依据特定需求和条件，企业可以构建多种形式的成本预算，如产品成本预算、制造费用预算、营业成本预算和期间费用预算等。各职能部门应运用其管理优势，对成本指标进行管理，特别是对能耗、材料消耗等成本重点指标进行全过程控制。针对成本重点指标,企业应制定和执行一系列具体、有效的措施,以确保降低成本的目标得以实现。这样不仅能形成一条贯穿整个生产和运营过程的预算控制线,还能促使全体员工共同努力实现成本预算指标。这一过程不仅能提升成本控制的精度和可行性,还有助于企业在复杂多变的市场环境中保持竞争力。

(五)质量成本控制

质量成本控制在企业成本管理体系中具有重要地位,其目的是通过有效管理与质量相关的成本,实现企业总体经济效益的提升。与传统的成本控制不同,质量成本控制更侧重于全面、系统地管理质量相关的各项成本,包括预防成本、鉴定成本、内部失效成本和外部失效成本。

预防成本和鉴定成本是质量保证阶段所发生的成本,主要包括质量计划、质量培训、质量系统维护和产品检验等方面的成本。这些成本的有效管理有助于提升产品质量,减少后续阶段可能出现的失效成本。内部失效成本和外部失效成本则通常是由于产品质量问题而产生的,如退货、重工、维修和赔偿等方面的成本,这些成本通常会直接影响企业的经济效益和市场声誉。

在质量成本控制过程中,重要的一环是对各类质量成本进行准确的测量和分析。这一过程通常涉及复杂的数据收集和处理工作,需要运用先进的数据分析工具和方法,如统计质量控制、因果分析和成本效益分析等。通过对质量成本的深入分析,企业不仅可以识别出成本过高或性价比低的环节,还能根据分析结果制定针对性的改进措施。

除了对现有质量成本进行管理和控制,企业还需要建立一个持续改进的机制。这通常包括质量审计、质量评价和质量改进项目等,其目的是不断地优化质量成本结构,提升质量成本的使用效率。

二、成本控制的技术

（一）成本变更控制系统

成本变更控制系统是成本管理计划的重要组成部分，它旨在通过记录和监控成本的变动，确保项目成本的有效控制。该系统规定了如何修改成本基准计划的具体步骤，主要包括书面工作、跟踪系统和经许可的成本水平变更。系统的运行需要遵循一定的步骤，以保证成本控制的准确性和有效性。

在初始阶段，由项目的利益关系人提出项目成本变更申请。这一步是启动成本变更控制系统的关键，需要明确造成成本变更的因素和背景，为后续的评估和决策提供必要的信息。随后，项目的管理者对成本变更申请进行评估，然后将评估结果提交给项目的业主，由他们决定是否批准变更成本基准计划。在这一阶段，项目业主对成本变更申请的细致评估，可以确保成本变更是合理和必要的。一旦成本变更申请得到批准，项目的管理者便需要对相关活动的成本预算进行调整，并对成本基准计划进行相应的修改。这一步骤确保了成本变更得到恰当的反映，并且成本基准计划的完整性和准确性得以维护。

在应用项目成本变更控制系统时，需注意两方面的协调性。首先，项目成本变更控制系统应与整体的项目控制系统保持协调一致，以确保各方面的控制工作能够协同高效地进行。其次，项目成本变更的结果应与其他变更结果保持协调，以确保整体的项目目标和策略的一致性。

（二）挣值分析法

挣值分析法亦称为偏差分析法，是一种评估项目实施与预期目标之间差异的技术。其核心是通过衡量和计算已完成工作的预算成本、已完成工作的实际成本以及计划工作量的预算成本，获得关于计划实施的进度和成本偏差的洞见，从而评估项目预算和进度计划的执行情况。

此方法的独特之处在于，它以预算和成本为基础来评估项目的进度。通过比较预算成本和实际成本，挣值分析法能够揭示项目执行过程中存在的成本超支或节约、进度滞后或超前等问题，为项目管理者提供基于数据的决策依据。

在挣值分析法的应用过程中，首先确定项目的预算成本和计划进度，然后通过定期的监测和评估，收集实际成本和实际进度的数据。通过分析这些数据，可以计算出挣值、成本偏差和进度偏差，从而对项目的执行情况进行准确的评估和预测。挣值分析法也能够提供关于项目可能面临的风险和问题的早期警告，帮助项目管理者及时采取措施，以确保项目的顺利实施和目标的实现。

挣值分析法中的三个基本参数分别揭示了项目的计划、实际和价值方面的信息，为项目管理者提供了评估项目成本和进度状态的重要依据。以下为这三个参数的详细介绍。

（1）计划工作量的预算成本（Budgeted Cost for Work Scheduled, BCWS）。计划工作量的预算成本揭示了到某一时间点为止，根据项目计划应该完成的工作量所需的预算成本。它主要反映了进度计划应当完成的工作量，而不是应该消耗的工时或成本。计划工作量的预算成本为项目管理者提供了一个基准，以评估项目的实际进度和成本表现。计划工作量的预算成本的计算通常是基于项目的工作分解结构和相应的成本预算，其计算公式可表述为

$BCWS=\Sigma$（计划完成的工作量比例 × 工作包的预算成本）（式 3-1）

（2）已完成工作的预算成本（Budgeted Cost for Work Performed, BCWP）。已完成工作的预算成本揭示了到某一时间点为止，实际完成的工作量所对应的预算成本。它为项目管理者提供了关于项目实际进度的信息——项目管理者通过比较已完成工作的预算成本和计划工作量的预算成本，可以得出项目的进度偏差。已完成工作的预算成本的计算公式可表述为

$$BCWP=\Sigma（实际完成的工作量比例 \times 工作包的预算成本）\qquad（式3-2）$$

（3）实际成本（Actual Cost, AC）。实际成本揭示了到某一时间点为止，实际完成的工作量所消耗的实际成本。它为项目管理者提供了关于项目实际成本表现的信息——项目管理者通过比较实际成本和已完成工作的预算成本，可以得出项目的成本偏差。实际成本的计算公式可表述为

$$AC=\Sigma（实际消耗的资源量 \times 资源的单价）\qquad（式3-3）$$

通过综合应用这三个参数，挣值分析法为项目管理者提供了一个系统的、基于数据的框架，以评估项目的成本和进度表现，从而支持项目的决策和控制过程。同时，挣值分析法通过构建一系列评价指标，为项目管理者提供了评估项目成本和进度表现的工具。以下为挣值分析法的四个核心评价指标。

（1）进度偏差（Schedule Variance, SV）。进度偏差衡量了项目的实际进度与计划进度之间的差异。它通过比较已完成工作的预算成本与计划工作量的预算成本来计算，公式为

$$SV=BCWP-BCWS\qquad（式3-4）$$

正值表示项目领先于计划，负值则表示项目落后于计划。

（2）成本偏差（Cost Variance, CV）。成本偏差衡量了项目的实际成本与应有成本之间的差异。它通过比较已完成工作的预算成本与实际成本来计算，公式为

$$CV=BCWP-AC\qquad（式3-5）$$

正值表示项目的成本表现好于预算，负值则表示项目的成本超出预算。

（3）进度绩效指数（Schedule Performance Index, SPI）。进度绩效指数是项目进度效率的量化指标。它通过比较已完成工作的预算成本与计

划工作量的预算成本来计算，公式为

$$SPI = \frac{BCWP}{BCWS} \qquad （式3-6）$$

值大于1表示项目领先于计划，小于1则表示项目落后于计划。

（4）成本绩效指数（Cost Performance Index，CPI）。成本绩效指数是项目成本效率的量化指标。它通过比较已完成工作的预算成本与实际成本来计算，公式为

$$CPI = \frac{BCWP}{AC} \qquad （式3-7）$$

值大于1表示项目的成本表现好于预算，小于1则表示项目的成本超出预算。

这四个评价指标为项目管理者提供了项目的成本和进度表现的量化度量，以支持项目的决策和控制过程。

第四章　成本管理方法

第一节　标准成本法

标准成本法最初产生于 20 世纪 20 年代的美国，是在泰勒的生产过程标准化思想影响下，为提高工作的潜在效率，希望将人工和材料的浪费控制在最低水平而寻找的成本管理方法。[①] 20 世纪 90 年代，在我国国内，宝钢率先采用了标准成本的管理制度，简化了成本核算，此后该方法逐渐被国内众多企业采纳并应用。

一、标准成本的概念

标准成本法是一种先进的成本控制和管理方法，其核心是通过事先确定产品或服务的标准成本，作为衡量和评价实际成本表现的基准。标准成本不仅是一种成本预测工具，还是一种动态的管理工具，用于识别成本偏差，推动持续改进，并为管理层提供决策依据。

在标准成本法的框架下，标准成本是在综合考虑正常生产技术水平和有效经营管理因素的基础上确定的。这意味着标准成本并非随意设定

---

① 王华. 管理会计 [M]. 上海：同济大学出版社，2021：146.

的，而是通过深入的市场研究、生产技术分析和经营管理评估而来的。因此，标准成本具有一定的科学性和合理性，可以反映企业在当前环境下应达到的成本水平。

标准成本作为一种目标成本，具有多重功能。首先，它是控制成本开支的重要手段。通过与实际成本的比较，企业可以识别出成本控制的薄弱环节，从而采取针对性的改进措施。其次，标准成本是评价实际成本表现的有效工具。如果实际成本低于标准成本，说明企业的成本控制工作取得了积极成效；反之，则说明企业需要进一步分析高成本的原因并采取纠正措施。最后，标准成本是衡量工作效率的重要尺度。它不仅可以用于内部的成本管理，还可以用于外部的供应链管理，以优化整体的成本结构。

二、标准成本的分类

标准成本可细分为理想标准成本、正常标准成本和现实标准成本，每一种类型的标准成本都有其独特的应用场景、优点和局限性。

（一）理想标准成本

理想标准成本构建于一系列最佳工作状态的假设之上，包括无浪费的材料消耗、无事故的设备运行、无废品的产品质量和全有效的工时。理想标准成本具有很高的理论价值，但在实际操作中往往难以实现。因此，其主要作用是提供一种理论上的最佳性能基准。

（二）正常标准成本

相比于理想标准成本，正常标准成本则更加贴近实际生产和经营活动，它基于一系列"正常"条件，如正常的耗用水平、价格和生产经营能力的利用程度。正常标准成本通常是基于过去一段时间内实际成本的平均值，并考虑未来变动趋势进行调整而得到的。因此，它既能反映历史性能，也能适应未来变化，更适用于长期的成本控制和管理。

（三）现实标准成本

现实标准成本则进一步贴近实际操作，它考虑了企业当前的生产条件，包括价格、耗用量和生产能力。与理想标准成本和正常标准成本不同，现实标准成本还包含了一些不应有但难以避免的低效和失误因素。这使现实标准成本更具有操作性，能够更准确地反映企业的实际成本状况，并为管理层提供切实可行的决策依据。

三、标准成本的制定

标准成本的构建作为标准成本法的基础，对企业的成本管理具有决定性的影响。在实施标准成本法的过程中，标准成本通常会针对不同的组织单元（如车间）、不同的产品和各个成本项目进行明确。

对于单一产品来说，其标准成本主要由三大构成要素组成：直接材料、直接人工和制造费用。这三大要素进一步被细分为标准用量和标准价格两个子要素。标准用量是预期在生产一个单位产品时应消耗的各种资源的数量，而标准价格则是这些资源单位成本的预期价格。将标准用量与标准价格相乘，便可以计算出每一个成本项目的标准成本。将这些项目的标准成本累加，便得到单位产品的总体标准成本，公式为

单位产品标准成本 = Σ 成本项目的标准成本
　　　　　　　　 = Σ（某一成本项目标准用量 × 该成本项目标准价格）
　　　　　　　　 = 直接材料标准成本 + 直接人工标准成本 + 制造费用标准成本
　　　　　　　　　　　　　　　　　　　　　　　　　　　　（式4-1）

（一）直接材料标准成本的制定

直接材料标准成本的制定是一项多部门协作的复杂过程，涉及生产、

技术、财务和信息等多个领域。这一成本由两个主要因素构成：直接材料标准用量和直接材料标准价格。

直接材料标准用量的制定，通常是基于详细的产品图纸和技术文件，列举所需的各种材料以及其可能的替代选项，进行分析后得出的。这一过程还会参考材料的种类、质量和库存状况。为了更科学地确定标准用量，这一过程还会进行对过往用料经验的综合分析，包括采用历史用料的平均值、极值的平均数、最节省用量、实际测定数据或通过技术分析得出的数据进行分析。

直接材料标准价格则是由采购、财务和生产等部门在综合考虑市场环境、价格波动、订货价格和最佳采购批量等多个因素后制定的。这一价格通常是一个全面的价格，包括了获取材料所需的所有成本，如材料购买价格、运输和杂费、检验费用以及正常损耗等。

直接材料标准成本的制定是一个高度集成和跨领域的任务，需要综合各种信息考量，以确保其既科学合理，又能适应市场和生产的实际需求。符合这样要求的标准成本才能有效地指导企业的成本控制和管理活动。

（二）直接人工标准成本的制定

制定直接人工标准成本是成本管理中的一个关键环节。直接人工标准成本有两个主要构成部分：标准工时和标准工资率。

标准工时是单位产品所需的标准人工时间，通常由生产、技术和财务等多个部门共同制定。在这一过程中，首先需要对产品生产所需的各个作业、工序和流程工时进行详细的技术测定。除此之外，还需要考虑正常的工作间隙，以及生产条件、生产工序和操作技术等多方面的变化。工人的主观能动性也是一个不可忽视的因素。在制定标准工时时，应充分考虑工人的技能、经验和工作效率，以确保标准工时的合理性和可操作性。

标准工资率则是单位时间内应支付给工人的标准工资值，一般由人力资源部门根据企业的薪酬制度来制定。这一标准不仅需要符合行业和地区的工资水平，还需要考虑企业的财务状况、员工的技能和经验等多个因素。

制定直接人工标准成本是一个多维度、多因素的综合性任务。只有通过多部门的密切协作、综合各方面的信息，才能制定出既科学又合理的直接人工标准成本，为企业的成本控制和管理提供有效的依据。

（三）制造费用标准成本的制定

制造费用标准成本需按照部门进行特定编制。当产品的生产和加工涉及多个部门时，各部门对应的单位产品制造费用应被累加，以得出产品全局的制造费用标准成本。依据变动成本法的理论框架，制造费用可被分为变动制造费用和固定制造费用，各部门的制造费用标准成本因此分为两大类别——变动制造费用标准成本和固定制造费用标准成本，这两者都由标准用量和标准价格两个变量决定。

1.变动制造费用标准成本

在变动制造费用标准成本方面，标准用量可以是单位产量所需的燃料、动力、辅助材料等的用量，或者是产品的直接人工标准工时或机器标准工时。标准用量的制定需要综合考虑其与成本的相关性，其制定方式与直接材料和直接人工的标准用量相似。在标准价格方面，可以是燃料、动力、辅助材料等的标准价格，或者是单位时间的标准工资率。该价格的制定方式与直接材料和直接人工的标准价格设置有共通性。

下面用数学表达式描述变动制造费用的标准成本。

变动制造费用项目的标准成本 = 变动制造费用项目的标准用量 × 变动制造费用项目的标准价格　　　　　　　　　　（式4-2）

变动制造费用标准分配率 = 变动制造费用预算总数 ÷ 直接人工标准总工时　　　　　　　　　　　　　　　　　　（式4-3）

变动制造费用标准成本＝单位产品直接人工标准工时 × 变动制造费用标准分配率　　　　　　　　　　　　　　　（式4-4）

单位产品变动制造费用标准成本＝∑部门（车间、工段等）变动制造费用标准成本　　　　　　　　　　　　　　　（式4-5）

2.固定制造费用标准成本

在成本计算方法的选择上，企业可能倾向于变动成本法或完全成本法，这一选择将影响固定制造费用是否被计入单位产品的标准成本。在采用变动成本法的情境下，固定制造费用不纳入产品成本，因而在单位产品的标准成本构成中不需要考虑固定制造费用标准成本。在这种情况下，固定制造费用的管理和控制主要通过预算管理体系实施。

然而，如果企业采用完全成本法，固定制造费用则需计入产品成本，并需要明确其标准成本。该标准成本的制定通常由财务部门与采购、生产、技术、营销、人事和信息等相关部门共同完成。固定制造费用的标准用量与变动制造费用的标准用量具有相似性，包括直接人工工时和机器工时。标准用量的一致性是进行成本差异分析的基础。

下面用数学表达式描述固定制造费用的标准成本。

固定制造费用标准分配率＝固定制造费用预算总数 ÷ 直接人工标准总工时　　　　　　　　　　　　　　　　　　　　　　　（式4-6）

固定制造费率标准成本＝单位产品直接人工标准工时 × 固定制造费用标准分配率　　　　　　　　　　　　　　　（式4-7）

固定制造费用的标准价格通常表现为单位工时的标准分配率，该率基于固定制造费用预算总数和直接人工标准总工时来计算。

3.通用标准成本卡

综合考虑直接材料、直接人工和制造费用的标准成本，可得出产品的完整标准成本。企业一般会编制"通用标准成本卡"（见表4-1）以详细反映产品成本的构成。该标准成本卡由各相关部门和职工（生产车间负责人、会计人员、仓库保管员等）用作物料领取、工作派发和费用支出的依据。

表4-1 通用标准成本卡

产品名称：

填表人：

标准设定日期：

标准设定负责人：

成本项目	标准用量	标准价格	标准成本	部门一	部门二	部门三	合计
直接材料							
A材料							
B材料							
小计							
直接人工							
第一工序							
第二工序							
小计							
变动性制造费用							
第一车间							
第二车间							
小计							
固定性制造费用							
第一车间							
第二车间							
小计							
制造费用合计							
单位产品标准成本							

四、标准成本的差异分析

(一) 标准成本差异及其类型

标准成本差异是实际成本与标准成本之间差异的量度,为企业提供了关于成本控制效果的直接信息。这一差异可进一步细分为价格差异和数量差异,两者分别反映了不同成本构成要素对总成本偏离的影响。

价格差异是由于实际价格与标准价格的不一致性所导致的成本偏差,涉及的要素包括直接材料、直接人工以及变动性制造费用。该差异的计算可表达为

价格差异 = (实际价格 − 标准价格) × 实际投入数量 (式4-8)

数量差异则反映了实际耗用量与标准耗用量之间的不一致,也适用于直接材料、直接人工和变动性制造费用。计算该差异的公式为

数量差异 = (实际产量下的实际用量 − 实际产量下的标准用量) × 标准价格 (式4-9)

其中,"实际产量下的标准用量"是标准数量与实际产量的乘积,属于总量概念。

通过对价格差异和数量差异的分析,企业能够更精准地识别成本偏离的根源,从而有针对性地调整生产流程或采购策略,以达到更有效的成本控制。这两种差异共同构成了成本控制的复杂性和多维性,需要综合管理和持续监控。数量差异和价格差异的示意图如图4-1所示。

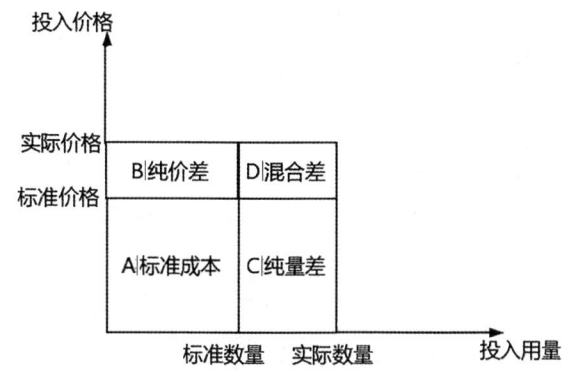

图 4-1 数量差异和价格差异的示意图

A 区域等于标准数量和标准价格的乘积，即标准成本。

B 区域等于实际价格与标准价格之间的差值与标准数量的乘积，即价格差异。

C 区域等于实际数量与标准数量之间的差值与标准价格的乘积，即数量差异。

D 区域则等于实际价格与标准价格之间的差值与实际数量与标准数量之间的差值的乘积，即混合差异。这一差异是价格和数量差异共同作用的结果。从理论角度来看，该共同作用可能部分来源于价格或数量差异，或者可能被定义为一个独立的第三种差异。在实际应用中，大多数企业将混合差异视为价格差异的一部分，即价格差异包括纯价格差异和混合差异，而数量差异仅包括纯数量差异。

标准成本差异分析的目的在于对比实际产量下实际成本与"应该成本"，后者是基于标准成本计算的实际产量所需的成本。选择实际产量而非预算产量作为基准，是因为由产量因素引发的实际成本与标准成本之间的差异并不能准确反映企业的生产效率。此处的实际产量指的是实际消耗材料或工时的产量。消耗本期资源的实际产量用公式表示为

实际产量 = 完工产量 + 期末在产品数量 × 投料率或完工率 − 期初在产品数量 × 投料率或完工率　　　　（式4-10）

标准成本的偏差可能是正值、负值或零。若产品的实际成本高于其标准成本，则出现成本超出，也称为不良偏差；反之，若产品的实际成本低于标准成本，则产生成本节省，即良好偏差。值得强调的是，"良好"与"不良"是从对企业盈利影响的视角进行评估的。产品的制造成本可以细分为变动制造成本和固定制造成本，这两者与产量的关联性不同，因此在进行偏差分析时应使用不同的策略。

（二）变动性生产成本差异的分析

变动性生产成本包括直接材料、直接人工和变动性制造费用，这三项成本均和本期的生产量成正比，且均可表示为单耗和单价的乘积。下面分别基于这三项成本进行变动性生产成本差异分析。

1. 直接材料成本差异

直接材料成本差异深刻影响企业的成本控制和利润水平。直接材料成本差异可分解为材料用量差异和材料价格差异，这为企业提供了精确的成本管理视角。材料用量差异能够揭示生产流程中存在的效率问题，如操作失误、技术不精或新员工的上岗培训不足。材料价格差异则更多地反映了外部市场条件的变化和采购部门的效能。在供应链管理中，能否及时、准确地响应供应商的价格变动，优化采购流程，将直接影响材料价格差异的大小。

在解析直接材料价格差异时，企业需要深入探讨的几个方面包括：采购策略的制定、供应商的选择和价格谈判能力、经济采购批量的确定以及订单管理的效率。这些因素基本上构成了企业在材料采购环节的成本控制能力。为缩小材料价格差异，企业可能需重新评估和优化其供应链和采购流程，以确保采购活动能在合理的成本控制框架内进行。

对于直接材料用量差异，企业更多关注的是生产部门的内部管理和操作效率。例如，是否存在操作疏忽导致的废品、废料增加，工人用料不精心或新工人上岗造成多用料等问题。这类差异的分析和调查需要深入生产现场，审查工人的操作规范、生产设备的性能和使用情况以及生产流程的设计。企业也需要关注外部因素对材料用量差异的影响，例如供应商提供的材料质量和规格是否符合要求。在一些情况下，由于供应商提供的材料质量低劣或规格不符，可能会导致生产部门不得不使用超过标准的材料，从而产生直接材料用量差异。在材料价格差异和用量差异的分析中，明确责任归属是推动改进和优化的关键。通过精准分析每种差异的成因，企业可以针对性地调整内外部管理策略，以期降低直接材料成本，提升成本控制的效果，从而在激烈的市场竞争中获得更强的竞争优势。

2.直接人工成本差异

直接人工成本差异揭示了企业在人力资源利用和管理方面的表现，是企业内部成本控制的重要指标。该差异细分为工资率差异与人工效率差异，每种差异的存在都会对企业的经营效益产生影响。

工资率差异又称为"价差"，是由实际工资率与标准工资率之间的偏离所导致的。此类差异的产生可能源于多种因素，例如：人力资源调度不当，使高工资工人执行低工资工人的职责，或者反之；工资标准未及时调整，未能适应市场或法律法规的变化；工资计算方法变更，如从计时制变为计件制，或者反向变更；奖励制度失效，导致员工缺乏激励，甚至可能包括季节性或临时性的生产增发工资。这些因素多与企业的人力资源管理策略和外部劳动市场条件相关，通常由人力资源部门或者与之相关的其他部门管控。

人工效率差异又称为"量差"，是由实际工时与标准工时的偏离所导致的。其形成原因包括：生产工人技术不熟练，未能在规定的工时内完成任务；材料供应延迟，导致生产停滞，浪费工时；设备出现故障，使生产线停产，等待修理；生产工艺变更，未能及时修订工时标准，导致实际工时与标准工时的偏离；生产计划安排不当，产生"窝工"现象；

材料质量低劣，使加工时间延长。这些因素主要由生产部门负责，同时涉及采购、设备维护和技术支持等多个部门的协作。例如，材料质量不高不仅会影响生产效率，还可能导致加工过程中的重工和废品产生，进一步增加直接人工成本。在分析效率差异时，需对不同差异的责任部门进行相关考核评价，以明确改进的方向和措施。

直接人工成本差异的分析和管理是企业持续改进和提高效益的重要手段。通过对工资率差异和人工效率差异的深入分析，企业能够识别出潜在的问题和改进空间，优化人力资源配置和生产流程，降低成本，提升生产效率，从而在激烈的市场竞争中保持竞争力。

3. 变动制造费用差异

变动制造费用差异反映了企业在制造过程中对资源使用的效率与控制，是评估企业成本管理水平的重要指标。该差异可细分为价格差异与数量差异，各自展现了不同维度的成本控制情况。

价格差异又称为开支差异或耗费差异，主要体现了实际消耗的变动制造费用项目（如燃料、动力和辅助材料）的单位成本与标准单位成本之间的差距。这种差异的生成通常与市场价格的波动、采购策略的有效性以及供应链管理的效率密切相关。例如，市场上燃料或辅助材料价格的上升可能会导致实际单位成本高于标准单位成本，而优化的采购策略和高效的供应链管理则可能有助于降低实际单位成本，使之接近或低于标准单位成本。间接材料质量的低劣及间接人工工资的调整也可能导致实际单位成本的增加。分析此类差异，有助于企业识别和解决成本控制中存在的问题，进一步优化资源配置，降低制造成本。

数量差异又称为效率差异，主要反映了实际消耗的变动制造费用项目数量与标准消耗数量之间的差异。它揭示了生产过程中工作效率的变化对成本的影响。例如，生产流程的优化、设备的升级和员工技能的提升可能会降低实际消耗的燃料、动力和辅助材料的数量，从而使实际消耗数量低于标准消耗数量。反之，生产流程的低效、设备的故障和员工技能的不足可能会增加实际消耗的数量,使之高于标准消耗数量。分析此类差异,有助于企业识别生产过程中的效率问题,采取有效的措施提高生产效率,降低变动制造费用。

综合价格差异和数量差异的分析,企业可全面评估其变动制造费用的控制水平,识别成本控制的短板和改进空间。通过深入分析变动制造费用差异的成因和责任归属,企业能制定针对性的改进措施,优化成本控制体系,提升变动制造费用的管理效能,从而在激烈的市场竞争中保持或提升自身的竞争优势。

(三)固定性生产成本差异的分析

实际固定制造费用代表当期实际发生的固定制造费用;标准固定制造费用是当期实际产量分摊标准固定制造费用,其等于实际产量乘以标准工时单耗。固定制造费用差异的处理有两差异法和三差异法。

1.两差异法

两差异法是把固定制造费用差异分为固定制造费用耗费差异和固定制造费用能量差异两部分进行分析的方法。在两差异法的框架下,固定制造费用差异的分析是为了评估企业在制造成本控制方面的表现。

固定制造费用耗费差异是指实际固定制造费用与预算固定制造费用之间的差额。由于固定制造费用的总额不会随着产量的变动而变动,这种差异的存在主要反映了企业在固定成本控制方面的表现。例如,实际固定制造费用的增加可能源于管理费用的上升、设备维护费用的增加或其他固定成本项目的变动。这种差异的分析有助于企业识别固定制造费用控制的问题,采取措施优化固定成本的结构,提高成本控制的效率。

固定制造费用能量差异则是指固定制造费用预算总额与标准固定制造费用之间的差额。这种差异的计算涉及预算产量与实际产量之间的对比,以及单位产品的标准固定制造费用的确定。固定制造费用能量差异反映了实际产量与预算产量之间的偏差对固定制造费用的影响,进而反映了企业生产能力的利用程度。例如，如果实际产量低于预算产量，可能会导致固定制造费用能量差异的产生，反映了企业未能充分利用其生产能力，从而影响了成本控制的效果。

2.三差异法

三差异法为企业提供了一个更细致、更具分析性的框架来评估固定制造费用的控制。通过将固定制造费用差异分解为固定制造费用预算差异、固定制造费用生产能力利用差异和固定制造费用效率差异，企业能够更清晰地理解成本控制的不同维度和影响因素。

固定制造费用预算差异主要反映了实际固定制造费用与预算固定制造费用之间的差异，这种差异可能源于预算编制的不准确或固定成本控制的不到位。分析此类差异有助于企业识别预算管理和固定成本控制的问题，进而采取措施优化预算编制流程和加强固定成本的控制。

固定制造费用生产能力利用差异反映了实际工时未能达到可利用的生产能力而造成的成本浪费。这种差异通常与生产设备的利用率、生产流程的优化和产能的配置等因素密切相关。分析此类差异有助于企业识别生产能力利用的问题，采取措施提高设备利用率、优化生产流程和合理配置产能，从而降低生产能力利用差异，提高生产效率。

固定制造费用效率差异则反映了由于生产效率的变化导致实际工时与标准工时之间的差异，从而产生的成本差异。这种差异通常与生产流程的效率、生产设备的性能和员工的技能等因素密切相关。分析此类差异有助于企业识别生产效率的问题，采取措施优化生产流程、提高设备性能和提升员工技能，从而降低效率差异，提高生产效率。

三差异法的应用为企业提供了一个全面、系统的视角来评估和优化固定制造费用的控制。通过深入分析三种差异的成因和影响，企业能够识别成本控制的短板和改进空间，制定针对性的改进措施，优化成本控制体系，从而在激烈的市场竞争中保持或提升自身的竞争优势。

五、标准成本法的评价

标准成本法作为一种成本核算与控制的方法，在企业的成本管理实践中具有重要的应用价值。通过制定和应用标准成本，企业能够为成本控制和决策提供重要的信息支持。同时，这种方法的应用存在一定的局限性和挑战。

（一）优点

1. 识别成本差异，促进绩效考核

标准成本法通过制定各成本项目的标准成本，为企业提供了一个明确的成本控制基准。通过比较实际成本与标准成本的差异，企业能够识别成本控制的问题所在，评价和考核相关部门和人员的成本控制绩效。通过这种方式，标准成本法为企业提供了一种有效的绩效考核和激励机制，有助于推动成本控制的持续改进。

2. 促进预算编制和决策支持

通过掌握标准成本的制定及其差异和动因的信息，企业能够使预算的编制更为科学和可行。标准成本法为企业提供了一种结构化的成本信息处理框架，有助于企业提高预算编制的准确性和决策的质量。通过使用标准成本法，企业能够在成本控制、预算编制和经营决策等方面获得更好的支持，从而提高企业的经营效率和竞争力。

（二）挑战

1. 标准成本的准确性和稳定性要求高

标准成本法要求产品成本标准比较准确和稳定，这在市场和生产条件不断变化的情况下，会面临较大的挑战。如果标准成本的制定不准确或过时，可能会导致成本控制的失效，降低标准成本法的实用价值。

2. 标准化管理和系统维护成本较高

标准成本法要求企业具备较高的标准化管理水平，同时需要投入较多的资源进行系统维护和更新。这可能会增加企业的成本，对于一些中小企业或资源有限的企业来说，可能会面临较大的压力。

3. 受市场价格波动的影响

标准成本法需要根据市场价格的波动进行频繁的更新，以保持标准成本的准确性。然而，市场价格的波动可能会导致成本差异的不稳定，降低成本控制的可靠性和效果。在高度波动的市场条件下，标准成本法的应用会面临较大的挑战。

第二节 作业成本法

一、认识传统成本法与作业成本法

（一）认识传统成本法

传统成本法是一种以直接追溯法为基础，将直接材料与直接人工成本分配至产品，同时采用动因追溯和分摊的方法处理间接制造费用的成本核算方法。该方法的核心假设是"数量是影响成本的唯一因素"，基于这一假设，传统成本法试图简化成本计算过程，以实现成本核算的直观、简便、易用和高效。在传统成本法的应用过程中，通常会选择诸如产量、直接人工工时、直接人工工资、机器工时和直接材料成本等作为分配间接制造费用的动因。

传统成本法的设计目的是解决制造业成本核算中的实际问题，通过明确的成本分配机制，为企业的成本控制和决策提供必要的信息支持。在实际操作中，直接追溯法能够清晰、准确地将直接材料和直接人工成本分配至具体的产品，而通过动因追溯和分摊的方法处理间接制造费用，则能够根据实际的生产动因将间接成本合理地分配至不同的产品,从而实现成本的精确核算。

传统成本法的简化特性使其在具有相对稳定和简单的生产环境的企业中得到广泛应用。它的直观和简便性能够使企业快速、准确地完成成本核算,为企业的经营管理提供及时、有效的成本信息。合理选择和应用分配间接制造费用的动因,能够使企业更好地理解和控制成本结构,为成本控制和决策分析提供有力的支持。

(二)认识作业成本法

1.作业成本法的定义

作业成本法是一种基于"产品消耗作业,作业消耗资源"原则的成本管理方法。该方法按照资源动因将资源费用追溯或分配至作业,计算出作业成本,然后根据作业动因,将作业成本追溯或分配至各成本对象,最终完成成本计算。这一方法主要体现在以作业为基础,通过精确追溯和分配资源费用,来实现对成本对象的准确成本核算。

作业成本法的应用主要适用于作业类型较多且作业链较长的企业,尤其是在同一生产线生产多种产品的情况下。对于规模较大且管理层对产品成本准确性要求较高的企业,作业成本法能够提供更为精细和准确的成本信息。当产品、客户和生产过程的多样化程度较高,以及间接或辅助资源费用所占比重较大时,作业成本法的应用能够有效地支持企业的成本管理和决策分析。

作业成本法的核心是通过识别与分析作业,以及作业与资源之间的消耗关系,来实现资源费用的追溯和分配。在此基础上,作业成本法通过构建作业与成本对象之间的关联,来实现成本对象的成本核算。与传统成本法相比,作业成本法能够提供更为精细和多维度的成本信息,有助于企业更好地理解和控制成本,从而实现成本控制的优化和决策质量的提高。作业成本法的应用不仅能够提高成本核算的准确性,还能够支持企业在多样化和复杂的生产环境中实现有效的成本管理。通过对作业和资源的精确追溯和分配，作业成本法为企业提供了一种能够适应复杂生产条件、支持精细化成本管理和决策分析的有效工具。在当前多种产品、多层次生产过程和多元化市场需求的背景下，作业成本法能够为企业的成本管理提供有力的支持，有助于企业在激烈的市场竞争中保持和提升竞争优势。

2.作业成本法的发展历程

作业成本法的发展源于制造环境的变革和成本结构的重大变化。在先进的制造环境下，机械化和自动化技术的广泛应用替代了大量的人工劳动，导致直接人工成本在产品成本中的比重大幅下降，同时固定制造费用的比例大幅度上升。传统的成本计算方法，如以工时或机时为基础的成本分摊方法，逐渐显示出其固有的局限性，不能正确反映产品的成本消耗。特别是在产品多样化要求日益加剧的情况下，传统成本计算系统由于使用越来越少的直接人工成本去分配越来越大比重的制造费用，使成本分配失真，导致不能准确识别亏损产品，从而影响企业的经营决策。

在劳动密集型的制造环境中，传统成本计算方法的核心定位于计量和控制直接人工成本。然而，随着制造环境向技术密集型转变，人工成本的含量逐渐降低，而间接成本逐渐占据成本总额的主要部分。传统成本计算方法的这种以直接人工成本为基础确定间接成本分配的方式，对成本计算结果产生了负面影响，容易导致成本分配的不准确。

随着高新制造技术的广泛应用，传统成本会计的缺陷愈发明显。传统成本会计以单一的工时作为制造费用分配的基准，往往会导致产量高但技术复杂度低的产品成本偏高，而产量低但技术复杂度高的产品成本偏低。这种情况不能真实反映产品的成本信息。为了解决这一问题，实务界开始寻求新的成本会计系统，以正确反映产品成本信息。作业成本法应运而生。

作业成本法将资源费用追溯或分配至作业，然后根据作业动因，将作业成本追溯或分配至各成本对象，最终完成成本计算。这种方法以"产品消耗作业，作业消耗资源"为原则，强调通过对作业的精细管理来实现准确的成本分配，有效地解决了传统成本计算方法在现代制造环境中的缺陷。作业成本法的发展和应用，标志着成本管理从以直接成本为核心向以作业为基础的转变，能够为企业在复杂多变的生产环境中提供更为精细和准确的成本信息，从而支持企业实现更为科学和有效的成本管理和决策分析。

3.作业成本法形成和发展的原因

作业成本法的形成和发展主要源于以下三个方面的变化和需求。

（1）产品成本结构的实质性变化。随着生产自动化技术的不断进步，产品成本结构发生了显著的变化。制造费用在产品成本中的比重逐渐增加，而直接人工成本的比重则大幅降低。这种变化使传统的成本计算方法不能准确地反映产品的真实成本，而作业成本法通过精细化的作业分析和成本分配，能够更为准确地识别和计算制造费用，从而得到产品的真实成本。

（2）间接成本分配的不实性。在传统成本计算方法中，通常采用单一的间接成本分配率对所有产品或服务进行成本分配。然而，单个产品或服务使用资源的方式并不相同，使用单一的间接成本分配率往往会导致产品或服务的成本被多计或少计。多计成本可能导致产品实际消耗较低的资源，而报告的单位成本却较高。反之，少计成本可能意味着产品实际消耗较高的资源，而报告的单位成本却较低。作业成本法通过对每个作业的资源消耗进行精确计算和分配，能够避免这种成本分配的不实性，提高成本计算的准确度。

（3）对产品营利性判断的错误。传统成本法所提供的成本信息可能存在失真，可能导致企业在产品定价和营利性判断上出现错误。例如，多计成本的企业可能会为产品制定过高的价格，从而失去市场份额；而少计成本的企业可能会在销售某些实际上是亏损的产品时，错误地认为这些产品是盈利的。作业成本法通过提供更为准确和详细的成本信息，有助于企业做出更为科学和准确的产品定价和营利性判断，从而避免因成本信息失真而导致的经营决策失误。

4. 作业成本法的基本要素

作业成本法的实施是在明确的基本要素基础上展开的。作业成本法的三个基本要素为资源、作业和成本动因。

（1）资源。在作业成本法的框架中，资源的外延很广，覆盖企业所有的价值载体。实质上，作业成本法中的资源是指为完成特定作业而消耗的成本和费用，它们为生产产品或提供服务提供了必要的支持。这些资源包括人力、物料、设备和技术等。对于直接与某项作业相关的资源，应直接计入该项作业的成本。若某资源服务于多项作业，应利用资源动因将其成本分配到各相关作业中。

（2）作业。作业是作业成本法的核心要素，它代表企业为实现特定目的而进行的一系列重复任务或活动。作业可以是非常具体的任务或活动，如车工作业；也可以是一类相似任务或活动的统称，如机加工作业；还可以是更为宏观的活动分类，如生产作业。通过将若干相关的具体作业组织为作业集合，形成作业中心，企业能够更为准确地划分控制和管理的单元，以便更有效地分析和控制成本。

（3）成本动因。成本动因即成本驱动因素，是导致成本发生的业务活动或事件的特征。在作业成本法的框架下，作业是由产品需求引起的，而作业又导致了资源的耗用。这种耗用的驱动力即成本动因。例如，产量的增加会导致直接材料成本的增加，此时产量就是直接材料成本的成本动因；检验成本随着检验次数的增加而增加，此时检验次数就是检验成本的成本动因。成本动因的数量与企业的生产经营过程复杂程度紧密相关，一般来说，生产经营过程越复杂，其成本动因就越多。成本动因进一步细分为资源动因和作业动因两类，为企业提供了更为细致的成本分析和控制的依据。

二、作业成本法的应用程序

（一）资源识别及资源费用的确认与计量

资源识别及资源费用的确认与计量是作业成本法应用程序的重要环节，它涉及对企业所拥有或控制的所有资源的识别，并对这些资源的费用进行详细的确认和计量。该环节的主要目的是编制资源费用清单，为资源费用的追溯或分配奠定基础，从而更为准确和有效地分析和控制成本，支持企业做出科学和合理的经营决策。在实施资源识别及资源费用的确认与计量时，通常需分部门列示当期发生的所有资源费用。资源费用清单应包含发生部门、费用性质、所属类别以及受益对象等要素，为后续的资源费用追溯或分配提供必要的数据支持。例如，通过明确每项资源费用的发生部门和受益对象，企业能够更为准确地分配资源费用，避免成本分配的歪曲。

企业的财务部门应负责资源识别及资源费用的确认与计量工作的组织和实施，确保资源费用数据的准确性和完整性。财务部门需与基础设施管理、人力资源管理、研究与开发、采购、生产、技术、营销、服务、信息等多个部门紧密合作，确保资源识别及资源费用的确认与计量工作能够全面、准确地反映企业的实际情况，从而为后续的成本分析和控制提供坚实的基础。

（二）成本对象的选择

成本对象的选择是作业成本法应用过程中的核心环节。成本对象是企业成本管理体系中为追溯或分配资源费用而确定的对象。在一个复杂多变的生产经营环境中，成本对象可以是多样化的，如工艺、流程、零部件、产品、服务、分销渠道、客户、作业以及作业链等。选择适当的成本对象，不仅可以帮助企业准确计算和分析成本，还可以为企业的成本控制和经营决策提供有价值的信息支持。

在作业成本法的框架下，企业应遵循因果关系和受益原则，将当期所有的资源费用根据资源动因和作业动因追溯或分配至相关的成本对象。这种基于因果关系和受益原则的成本对象选择方法，旨在确保成本的追溯或分配更为合理和准确，从而提高成本信息的可用性和决策价值。分析资源动因和作业动因，能够帮助企业更为清晰地理解各成本对象的成本结构，为成本控制和经营决策提供科学的基础。资源动因和作业动因是连接资源费用与成本对象的桥梁，能够反映资源费用与成本对象之间的因果关系和受益关系。通过明确资源动因和作业动因，企业能够将资源费用准确地追溯或分配至相关的成本对象，从而确保成本信息的准确性和可靠性。

（三）作业认定

作业认定是作业成本法应用程序中的重要环节，它涉及企业如何识别并确认由间接或辅助资源执行的作业集，以及每项作业完成的工作内容和所耗费的资源费用。作业认定的目的是编制准确的作业清单，为后续的成本计算和分析提供基础。在作业认定过程中，企业需要根据自身的实际情况和业务需求，采用适当的方法来识别和确认作业。下面从三个方面对作业认定进行探讨。

作业地图法是一种基于企业建筑布局的作业认定方法。通过绘制企业建筑布局的鸟瞰图，并标明企业和各部门的具体情况，如各部门所从事的作业及从事各类作业的工人数等，企业可以直观地识别出各项作业。然而，该方法在处理跨部门的作业时可能会遇到困难，因为它主要依赖于空间位置来识别作业，对于跨部门的作业辨识可能会出现不足。

作业流程图分析法是通过分析企业的工业流程和经营活动来识别作业的方法。通过绘制作业流程图，企业可以将其工业流程和经营活动直观地展现出来，为作业优化和改进奠定基础。在制造行业，作业流程图分析法可以帮助企业识别客户订单处理、产品设计、材料采购、生产准备、加工制造、质量控制、生产控制、设计变更、维修等多个作业，为企业提供全面、系统的作业认定依据。

采访法是通过与企业各层次管理人员进行会谈来识别作业的常用方法。采访法的主要优点是在确定作业的同时可以开始分析作业，为后续的成本计算和分析提供初步的信息支持。与各层次管理人员的会谈，能够帮助企业深入了解各项作业的内容和特点，从而为作业认定提供实际的、具体的依据。

（四）作业属性区分

作业属性区分在作业成本法应用过程中占据重要地位，它涉及如何根据作业的不同特点和功能，对作业进行合理的区分。下面从三个维度探讨作业属性区分的重要性和实施方式。

1. 主要作业与次要作业

主要作业与次要作业的区分是基于作业的产出和服务对象。主要作业直接服务于企业外部，是实现企业价值和消耗资源的主要途径，其成本可以直接核算。相对地，次要作业为主要作业提供服务，不直接对外提供作业，其成本通常先通过主要作业来分摊，再分配到生产成本中心。这种区分有助于企业更好地理解和控制各项作业的成本结构，为后续的成本分析和管理提供基础。

2. 高效作业与低效作业

高效作业与低效作业的区分是基于作业的资源消耗和完成效率。高效作业能在消耗较少资源的情况下完成，显示出较高的完成效率，而低效作业则相对消耗较多的资源，完成效率低、成本高。通过高效作业与低效作业的区分，企业可以发现和改进低效作业，提高整体作业效率，降低成本。

3. 增值作业与非增值作业

增值作业与非增值作业的区分是基于作业对最终产品或服务价值的贡献。增值作业能为最终产品或服务增加价值，而非增值作业则不具备这种能力。区分增值作业与非增值作业能帮助企业识别和减少非增值作业，提升整体的作业价值。企业应注意对增值作业的有效识别。例如，在适时生产系统的背景下，增加订购次数的作业虽然增加了订购成本，但使整个适时生产系统顺利运转，满足了顾客的需求，对企业整体利益的提高具有积极意义，因此应属于增值作业。

（五）作业中心设计

作业中心设计是作业成本法实施过程中的重要步骤，它涉及将所有认定的作业按照特定的标准和分类依据划分为不同的作业中心，以便于更为精准和高效地进行资源费用的追溯和分配。

1. 产量级作业

产量级作业是围绕单个产品或服务的产出来设计和组织的。这类作业的核心特征是其成本与产品或服务的数量呈正比变动。例如，在某家企业，机器加工、组装和检验等作业是每个产品都需要经历的，则其成本可以直接追溯至每个单位产品，为直接成本。产量级作业中心的设计应确保能准确计量和分配直接材料、直接人工和机器成本等。

2. 批别级作业

批别级作业关注的是一组或一批产品或服务。与产量级作业不同，批别级作业的成本是为每批产品或多个产品服务的，如生产前设备调试、成批产品的运输和检验等。在设计批别级作业中心时，应确保能准确归集每批的成本，然后将其分配至各个批次，最终按产品数量分配至单个产品。

3. 品种级作业

品种级作业是生产和销售特定种类的产品或服务的作业。品种级作业的成本因特定的产品品种而发生,并随品种数变化而变化。例如,维护某产品的工程师数量可能依赖于产品的复杂程度。品种级作业中心的设计应确保能按照一定的依据,如零件数量,将成本准确分配至各个产品品种。

4.客户级作业

客户级作业是为满足特定客户需求而设计的作业,例如为某位客户提供的技术支持和咨询服务。客户级作业中心的设计应确保能准确识别和分配与特定客户相关的成本,使企业能更好地理解和管理与客户关系相关的成本。

5.设施级作业

设施级作业为保障企业生产产品或提供服务的基本能力而进行,如工厂保安、维修和行政管理等。设施级作业的成本与产品的数量、批次和种类无明显关系。在设计设施级作业中心时,应确定合理的成本分配机制,例如基于直接人工或机器工时将成本分配至各个成本对象。

(六)资源动因的选择与计量

资源动因的选择与计量是作业成本法应用过程中的核心环节,它涉及识别和测量导致资源消耗的各种因素,以确保资源费用能准确、合理地分配至相应的作业中心。资源动因体现了资源消耗与作业量之间的因果关系,是将资源费用归集到作业中心的基础。

在实施作业成本法的过程中,企业首先需要进行系统性的资源动因选择,全面识别和分析当期发生的每一项资源消耗,以及资源消耗与作业中心作业量之间的因果关系。企业应重点考虑那些与资源费用总额呈正比例变动的因素,例如机器的使用时间、能源的消耗量和材料的用量等。对于选定的每一个资源动因,企业需建立合适的计量方法和标准,以准确反映资源消耗的实际情况。例如,机器的使用时间可以通过计时器来计量,材料的用量可以通过物料管理系统来计量。准确的资源动因计量不仅可以保证资源费用的准确分配,还可以为企业的成本控制和效率提升提供重要的数据支持。为确保资源动因的选择与计量能持续而准确地进行,企业应建立完善的资源动因选择与计量的制度和流程,例如:定期评估和更新资源动因,以适应企业运营和市场环境的变化;培训和指导相关人员,以确保资源动因选择与计量的质量和效率。

(七)作业成本汇集

作业成本汇集过程是在明确资源耗用与作业之间的因果关系的基础上,将所有资源成本直接追溯或按资源动因分配至各作业中心,并计算各作业总成本的重要步骤。

对于直接消耗在某种作业中的资源,应明确追溯至该作业中心。对于共同服务于两种或多种作业的资源,应依据各作业中心的资源动因量比例,分配至各作业中心。这个过程的核心是要确保资源成本的准确、合理分配,以反映各作业的实际成本负担,为企业的成本控制和决策提供准确的信息支持。精细化的作业成本汇集,不仅可以使企业更好地理解各作业的成本结构,还可以为企业的成本优化和效率提升提供重要的数据基础。例如:通过分析各作业成本的构成,企业可以发现成本控制的潜在机会;通过比较不同作业中心的成本效率,企业可以发现效率提升的潜在空间。作业成本汇集还可以为企业的内部评价和激励机制提供重要的参考,例如不同作业中心的成本效率的比较结果,可以为企业的绩效评价和激励提供依据。企业在实施作业成本汇集的过程中,应注意保持成本分配的公允性和一致性,避免因为成本分配的不合理而导致成本失真,以确保作业成本汇集的质量和效果。

(八)成本动因的选择与计量

在完成作业成本汇集之后,针对作业成本动因计算单位作业成本,并依据作业量计算成本对象应负担的作业成本的步骤,是实现精细化成本管理的关键环节。作业动因作为引起作业耗用的成本动因,揭示了作业耗用与最终产出之间的因果关系,为将作业成本分配到流程、产品、分销渠道、客户等成本对象提供了依据。

在单一作业的作业中心,选择作业动因相对直接,应选取直接引起该作业耗用的成本动因。而在包含多种作业的作业中心,选择作业动因的过程相对复杂,需借助回归分析法或分析判断法,分析比较各具体作业动因与该作业中心成本之间的相关关系,进而选择相关性最大的作业动因,即代表性作业动因,作为作业成本分配的基础。

企业需要采用相应的方法和手段对选择的作业动因进行精准计量,以获取作业动因量的可靠数据,确保成本分配的准确性和公允性。对作业动因的精准选择与计量,不仅能够使作业成本分配更为合理,还能为企业的成本控制、决策分析提供重要的数据支持。例如:通过分析不同作业动因对作业成本的影响,企业可以发现成本控制的潜在机会;通过比较不同作业中心的成本效率,企业可以发现效率提升的潜在空间。作业动因的选择与计量还能为企业的内部评价和激励机制提供重要的参考。

(九)作业成本分配

作业成本分配指的是各作业中心的作业成本根据作业动因分配至成本对象,并结合直接追溯的资源费用,计算出各成本对象的总成本和单位成本的过程。作业成本分配通常按照以下两个程序进行。

(1)分配次要作业成本至主要作业,计算主要作业的总成本和单位成本,其计算公式如下。

次要作业成本分配率 = 次要作业总成本 ÷ 该作业动因总量 (式4-11)

某主要作业应分配的次要作业成本 = 该主要作业耗用的次要作业动因数量 × 该次要作业成本分配率 (式4-12)

主要作业总成本 = 直接追溯至该作业的资源费用 + 分配至该主要作业的次要作业成本之和 （式4-13）

主要作业单位成本 = 主要作业总成本 ÷ 该主要作业动因总量 （式4-14）

（2）分配主要作业成本至成本对象，计算各成本对象的总成本和单位成本。其计算公式如下。

某成本对象分配的主要作业成本 = 该成本对象耗用的主要作业成本动因量 × 主要作业单位成本 （式4-15）

某成本对象总成本 = 直接追溯至该成本对象的资源费用 + 分配至该成本对象的主要作业成本之和 （式4-16）

某成本对象总成本 = 该成本对象总成本 ÷ 该成本对象的产出量 （式4-17）

（十）作业成本信息报告

作业成本信息报告通过设计、编制和报送具有特定内容和格式要求的作业成本报表，提供所需的作业成本及相关信息。作业成本报表的内容和格式应根据企业内部管理需要确定。通常来说，作业成本报表包括以下内容。

（1）企业所具备的资源及其分布，当期产生的资源费用总额及其构成信息。

（2）每一成本对象的总成本、单位成本及其消耗的作业类型、数量及信息，以及产品营利性信息。

（3）每一作业或作业中心的资源消耗及其数量、成本，以及作业总成本与单位成本的信息。

（4）与资源成本分配所依据的资源动因及作业成本分配所依据的作

业动因相关的信息。

（5）资源费用、作业成本和成本对象成本预算完成情况及其原因分析的信息。

（6）有助于作业、流程、作业链持续优化的作业效率、时间、质量等非财务信息。

（7）有助于促进客户价值创造的关于增值作业与非增值作业的成本信息及其他信息。

（8）有助于业绩评价与考核的作业成本信息及其他相关信息。

（9）上述各类信息的历史或同行业比较信息。

三、作业成本法的评价

（一）优点

1. 提升信息准确性

作业成本法能够提供多维度的准确成本信息，对于企业在产品定价、作业与流程改进、客户服务等方面的决策具有显著的支持作用，有利于提高决策的准确性。

2. 促进成本控制和绩效管理

实施作业成本法，能够帮助企业改善和强化成本控制机制，促进绩效管理的改进和完善，为企业的持续改进提供强有力的管理工具。

3. 提升作业基础预算与管理能力

作业成本法的实施会推动作业基础预算的制定和执行，进而提高作业、流程、作业链（或价值链）管理的能力，从而为企业实现优化配置资源和提高运营效率提供重要保障。

(二)挑战

1. 主观性和复杂性

作业识别、划分、合并及认定成本动因的过程,以及成本动因计量方法的选择过程,往往存在较大的主观性,这使作业成本法的实施和操作相对复杂,需要企业管理者具有较强的专业知识和经验。

2. 开发与维护费用

由于作业成本法涉及多层次、多维度的成本信息处理,因此其系统的开发和维护费用相对较高,这对企业的财务和管理资源提出了较高的要求。

3. 适用性

由于企业的运营模式和业务复杂度的不同,作业成本法的适用性可能会受到一定的限制。企业需要根据自身的实际情况对作业成本法进行适当的定制和调整,以实现其在企业内部成本管理和绩效评价中的有效应用。

第三节 目标成本法

一、目标成本法的含义

目标成本法构建于市场和客户需求的基础之上,具备以目标销售价格和目标利润为核心导向的特征。其核心理念在于结合市场和客户需求设定产品的目标成本,确保在产品的研发设计阶段,能够通过运用价值工程、市场研究、产品功能分析及成本分析等多维度的方法论,达到实现既定的利润目标。与传统的成本管理方法相比,目标成本法更加注重市场导向和前期的产品设计,通过早期的成本控制和价值最大化,追求在满足市场和客户需求的前提下实现企业的目标利润。这种方法不仅能提升企业对市场变化的响应速度,还能通过优化产品设计和成本结构提高企业的竞争力和盈利能力。在这种模式下,市场定价和企业的成本管理结合得更为紧密,有利于使企业保持对成本和利润的有效控制,从而助力企业实现长期发展目标。

二、目标成本法的实施步骤

(一)收集市场信息

在实施目标成本法的初始阶段,收集市场信息是至关重要的一环。通过深入理解客户需求、分析竞争对手的表现以及开发与设计产品,企业能够制定出准确的目标价格,并以合理的价格为市场提供高质量的产品。企业的销售和市场部门应紧密合作,以获取和理解客户对产品的价值判断,并对竞争对手的技术、产品或服务、成本、财务状况有全面的了解,以预测其对预期价格的可能反应。企业通常可以通过与客户及供应商的交互、竞争对手前员工的洞见以及逆向工程等多渠道方式,来收集和了解相关的市场信息,为目标成本法的成功实施奠定基础。

(二)设定目标成本

设定目标成本是目标成本法实施过程中的关键步骤,该步骤分为两个主要环节。

1. 制定目标售价

目标售价的设定是基于对潜在客户对产品或服务的支付意愿的估计。为了准确估计目标售价,企业应综合考虑多种因素,包括客户对产品或服务的感知价值、竞争产品或服务的预期功能和售价、企业产品开发团队向原材料和零售供应商的询价,以及企业针对该产品或服务的战略目标等。对这些因素的综合分析,有助于企业制定一个既符合市场接受度又能实现企业战略目标的目标售价。

2. 根据目标利润设定目标成本

目标售价的设定为计算市场容许成本提供了基础。目标成本是指从目标售价中减去目标利润后的余额，它是新产品生产要实现的成本目标。目标利润则是企业未来一段期间内，在现有经营条件下应达到的利润目标。

在设定目标利润时，企业应综合考虑利润预期、历史数据和竞争地位分析等因素，选择一个合理的利润率作为预测目标利润的依据。一般来说，销售利润率（利润总额÷销售收入）与产品利润率密切相关，是广泛使用的指标。通过分析和计算，企业能够设定合理利润，进而设定目标成本。

3. 计算成本差距，进行成本分析，在设计阶段确定可以实现目标成本

计算成本差距及进行成本分析是目标成本法实施中的重要步骤，旨在在设计阶段明确可实现目标成本。目标成本与产品估计成本的差异构成了成本差距。产品估计成本指的是按照预期的设计规格和现有的生产水平，预计生产产品所需的成本。成本差距可通过成本分析来找到降低的途径。成本分析的目的是识别降低产品或服务成本的方向，这包括分析产品不同部件的功能与目标成本，研究客户对不同产品特征的重视程度，并将产品特征与部件功能关联起来。通过分析各种功能部件的重要性程度与其目标成本之间的关系，企业可以识别出成本较高但重要性程度较低的部件，以在满足客户需求的前提下实现成本降低。

4. 应用价值工程过程，确定产品零部件的目标成本

在目标成本确定之后，应用价值工程过程来确定产品零部件的目标成本是关键的步骤。价值工程过程旨在审查产品的每个组件，以在保持产品功能和性能不变的前提下降低成本。这可能涉及更改产品设计、替换生产中的原材料或调整和完善制造阶段。例如，通过产品设计的更改，

企业可以减少零件数量或采用通用件以减少专用件的使用。这种过程有助于实现成本节约，同时保持产品的质量和功能，从而更接近或实现先前设定的目标成本。通过这种方式，价值工程过程为实现目标成本提供了具体、实际的路径，有助于企业在竞争激烈的市场环境中保持竞争力。

三、目标成本法的注意事项

目标成本法是一种以市场和客户需求为导向，以目标售价和目标利润为基础来确定产品的目标成本的管理方法。在实施目标成本法时，企业需要考虑到一些重要的注意事项，以确保方法的有效性并避免可能的负面影响。

（一）理解目标成本概念

在企业运营与管理的多个领域，目标成本法被认为是一种创新和有效的成本管理策略。该方法致力于通过综合分析市场需求和竞争条件，确定产品或服务的目标售价和目标利润，进而确定一个实现目标利润的成本目标。然而，目标成本法的有效实施与推广依赖于高级管理者对其核心概念和优势的充分理解。缺乏对目标成本概念的理解可能会导致高级管理者对目标成本思想产生误解或拒绝态度，从而阻碍目标成本法在企业中的推广和应用。

目标成本法不仅是一种成本控制方法，还是一种基于市场和客户需求的成本管理思维。它要求企业从市场和客户需求出发，通过价值工程和成本分析等方法，在产品设计和研发阶段确定可以实现目标利润的成本目标。这种方法能够帮助企业在早期阶段识别并消除不必要的成本，从而实现产品成本的最优化。

为确保目标成本法的有效实施，企业应对高级管理者和相关人员进行目标成本法的教育和培训，让他们充分理解目标成本法的理论基础、实施步骤和预期效果。系统的教育和培训，可以帮助高级管理者和相关人员摆脱传统的成本管理思维，认识到目标成本法在提高企业竞争力和实现可持续发展方面的重要价值。系统的教育和培训，也有助于创建一个支持和推广目标成本法的内部环境，为目标成本法的成功实施奠定基础。

（二）促进有效协作

目标成本法的实施通常涉及多个部门和层级的协作，包括设计、采购、生产、销售以及供应商和转包商的协作。在这个过程中，协作和信任的缺失可能导致重大困境，甚至导致目标成本法的失败。例如，企业可能会给供应商和转包商施加过大的成本压力，导致合作关系的疏远和最终破裂。如果组织内部的其他成员没有成本意识或对目标成本法的目标不明确，设计工程师可能会感到烦躁和压力，他们可能会认为自己为了节省每一分成本付出了过多的努力，而其他部门却在浪费资源。为避免上述困境，企业需要在早期阶段建立和维护良好的协作和信任关系。这包括确立明确的目标成本目标，明确各部门和层级的责任和任务，以及创建一个促进跨部门和跨层级协作的机制和环境。企业也应对所有涉及目标成本法实施的成员进行成本意识的培训，确保他们理解并认同目标成本法的目标和价值。企业还应适当管理与供应商和转包商的合作关系，避免过度压缩成本而损害合作关系。合理的成本压缩目标和公正公开的沟通机制可以帮助企业与供应商和转包商建立长期和互信的合作关系，从而在实现成本控制的同时保持良好的供应链关系，共同实现产品成本的优化。

（三）防止员工过度疲劳

目标成本法的实施往往伴随着对成本控制的严格要求，而这种持续的压力可能会对员工，特别是设计工程师产生较大的影响，导致他们感到疲惫不堪。设计工程师在追求目标成本的过程中，需要付出额外的努力来寻找成本降低的可能性,这可能会导致过度的工作负担和心理压力。在这种情况下,企业需要采取措施确保员工的工作生活平衡、身心平衡,以及提供必要的支持和资源以帮助他们应对压力。

合理的工作安排和充足的资源支持是防止员工过度疲劳的关键。企业应确保员工有足够的时间和资源来完成任务,同时提供适当的培训和指导以帮助他们有效地应对目标成本实施过程中的挑战。创建一个支持性的工作环境和文化,以及提供定期的反馈和认可,也是非常重要的。这有助于提高员工的满意度和士气,从而提高他们的工作效率和成本控制能力。

(四)控制开发时间

实施目标成本法可能会引发一个重要的问题,即为了降低成本而反复实施价值工程,导致产品开发时间延长,从而影响了产品的上市时间。特别是在快速变化和竞争激烈的市场环境中,上市时间的延迟可能会导致企业失去市场机会,甚至可能导致的损失大于通过目标成本法节省的成本。因此,在实施目标成本法时,企业需要合理安排时间,并评估可能的时间延迟与成本节省之间的权衡。这可能包括确定一个合理的开发时间表,以及在关键阶段评估项目的进度和成本目标。企业应该明确产品开发和上市的优先级,以确保在追求成本节省的同时不会损害企业的市场竞争力和客户满意度。

(五)评估实施目标成本法的影响

在尝试应用目标成本法降低成本之前,企业应充分考虑上述因素,并评估目标成本法对企业整体目标的可能影响。虽然目标成本法在产品生命周期的关键阶段(例如研发和设计阶段)被认为是降低产品成本的有效方法,但需要注意不应忽视其他重要的企业目标和要素。

目标成本法不应被视为孤立的成本控制方法,而应与企业的整体战略和目标相协调。企业应确保目标成本法的实施与其长期的战略目标和市场定位相一致，同时考虑到可能的市场变化和竞争条件。企业还应考虑到目标成本法可能对其他重要的企业要素和目标（例如品质、创新和客户满意度）的影响，以确保在追求成本节省的同时不会损害企业的核心竞争力和长期发展。

第五章　标准成本控制系统的设计与实施

第一节　标准成本控制系统的基本框架

标准成本控制系统，即标准成本制度，也称标准成本会计，是指围绕标准成本的相关指标而设计的，将成本的前馈控制、反馈控制及核算功能有机结合而形成的一种成本控制系统。[①] 它具有事前估算成本、事中及事后计算与分析成本，以及揭露矛盾的功能。

一、标准成本控制系统的产生

自20世纪20年代以来，西方发达国家在成本计算与成本控制的结合以及在满足预测和决策需求方面取得了不少成就，如标准成本控制系统的产生和发展。标准成本控制系统的萌芽可以追溯到1903年，美国学者泰勒在其著作《工厂管理》中提出了产品的标准操作程序及时间定额，为后来标准成本控制系统的产生奠定了基础。标准成本控制系统的进一步发展发生在1904年。当时美国效率工程师哈林顿·埃默森（Harrington

---

① 郑爱华，谢梅. 管理会计 [M]. 2版. 北京：机械工业出版社，2020：187.

Emerson)在美国铁道公司首次应用了标准成本法。然而,由于埃默森并非会计师,其在标准成本的会计账务处理方法方面并未做出贡献。

标准成本控制系统的会计框架是在1911年由美国会计师卡特·哈里逊(Charter Harrison)首次设计的。他构建了一套完整的标准成本制度,该制度在1918年通过一系列文章得以公之于众。在这些文章中,哈里逊介绍了一套分析成本差异的公式,并对账户、分类账及成本分析单进行了详细叙述。自此,标准成本会计便从实验阶段跃升至实施阶段,并随着时间的推进,得到了不断完善和广泛应用。这个阶段的发展为标准成本控制系统的稳固和演进奠定了坚实的基础,使其成为现代企业成本管理和决策分析的重要工具。在这个过程中,标准成本控制系统逐渐演化,形成了一套结构严谨、功能明确的管理工具。

二、标准成本控制系统的内容

标准成本控制系统是一种系统化的成本管理机制,旨在通过比较实际成本与预定的标准成本来揭示和分析成本差异。这一系统的核心在于通过定期的成本比较,为企业的管理层提供关于成本控制效果的反馈,并为后续的成本控制决策提供依据。该系统主要由以下三部分构成:标准成本的制定、成本差异的计算与分析、成本差异的处理。

(一)标准成本的制定

标准成本的制定是该系统的基础,需要基于现有的生产技术水平,通过精密的调查、分析和技术测定来为每一个成本项目制定标准支出。这一过程要求对各成本项目有深入的理解,并能够准确评估在规定的生产条件和技术水平下,各项成本的正常水平应该是多少。标准成本的制定提供了一个明确的成本基准,为后续的成本比较和分析提供了基础。

（二）成本差异的计算与分析

成本差异的计算与分析是标准成本控制系统的核心环节。首先，需要记录当期发生的实际成本，并根据成本项目的标准支出数和当期实际业务量计算当期产品的标准成本。随后，将实际成本与标准成本进行比较，以确定各成本项目的差异及产品成本的总差异。通过深入分析差异形成的原因，可以明确经济责任，为管理层提供关于成本控制效果的反馈。

（三）成本差异的处理

成本差异的处理是标准成本控制系统的终极环节。对于各成本项目的差异及产品成本的总差异，需要按照既定的原则和程序进行账务处理。同时要总结经验教训，以进一步明确降低成本的措施，为后期加强成本控制与管理打下基础。这一环节的执行不仅有助于纠正现有的成本控制问题，而且能够为未来的成本控制活动提供宝贵的经验和参考，从而有助于企业在长期内实现成本的有效控制。

以上三部分内容可以构成一个完整的系统，其业务流程如图5-1所示。图5-1展示了标准成本控制系统不仅仅是一种成本计算方法，而且是会计信息系统和成本控制系统的重要分支。作为成本计算方法的一种，标准成本控制系统能够将成本差异纳入标准成本，以便确定产品的实际成本。作为成本控制方法的一种，标准成本控制系统能够通过比较实际成本与标准成本来得出成本差异，并对这些差异进行深入分析与处理，从而实现成本的有效控制。因此，在成本控制领域，标准成本及成本差异相较于实际成本，提供了更为重要和有用的管理信息，为企业的成本管理提供了更为精确和实用的决策依据。

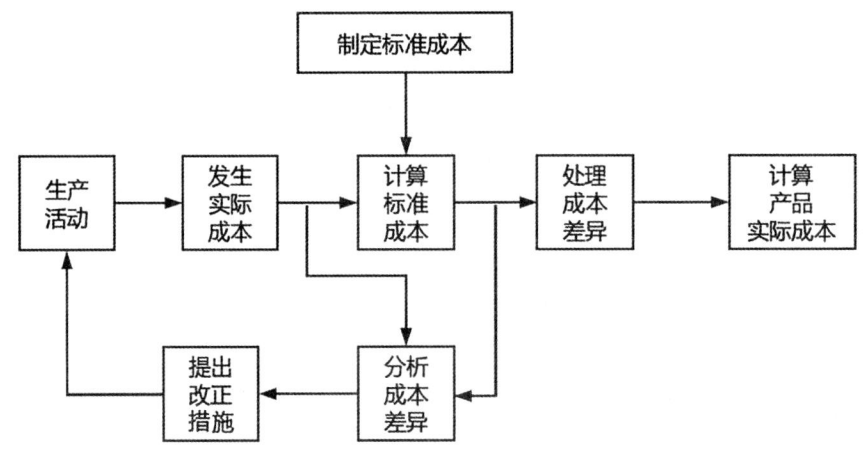

图 5-1　标准成本控制系统的业务流程

三、标准成本控制系统的特点和作用

（一）标准成本控制系统的特点

标准成本控制系统依照标准成本来记录和反映产品成本的生成过程及结果，以此达到对成本的控制目的。此系统的显著特点如下。

1. 标准成本的独特计算方式

该系统仅计算各类产品的标准成本，而非实际成本。账户如"生产成本""库存商品""自制半成品"等的借贷方均按标准成本入账。这种方式为管理层提供了一个基准，使其能够更为清晰地理解成本在不同生产阶段的表现和变动情况。

2. 成本差异的详细记录和归集

实际成本与标准成本间的各种差异，通过设立多种差异账户进行归集，便于日常的成本控制和考核。常见的差异账户包括"材料数量差异""材料价格差异""人工效率差异""人工工资率差异""变动制造费用效率差异""变动制造费用耗费差异""固定制造费用产量差异"及"固定制造费用预算差异"等。这些账户的借方反映超支差异,而贷方反映节约差异。期末时,应对各成本差异的余额进行结清处理,以确保准确的成本控制和分析。

3. 方法的多样组合性

标准成本控制系统不是一种孤立的成本计算方法,它能与多种成本会计模式和计算方法结合应用。无论是与完全成本法、变动成本法结合,还是与作业成本法、分批法或分步法结合,标准成本控制系统都能发挥其特性。通过将制造费用分为固定和变动两部分,并分别揭示其差异,标准成本控制系统为明确差异的责任和寻找降低成本的途径提供了有效的路径。通过分析成本的可控性和不可控性,标准成本控制系统为管理层提供了有益的决策支持,同时为持续的成本控制和优化提供了实用的工具和方法。

(二) 标准成本控制系统的作用

1. 促进成本控制

标准成本控制系统通过设定事前的成本标准,为各种资源消耗和各项费用开支划定了数量界限。这种方法可以在消耗和费用发生前对其进行限制;在成本形成过程中,可以随时显示节约或超支的情况,便于及时发现问题,采纳改进措施,纠正偏差,以实现降低成本的目的;在产品成本形成之后,可以通过实际成本与标准成本的比较,揭示成本差异,并分析差异原因,为未来降低成本指明方向,从而为企业的成本控制提供有效的支撑。

2. 为价格决策和投标议价提供依据

标准成本控制系统通过消除经营管理过程中低效率或浪费以及偶然性因素对成本的影响,帮助避免了实际成本波动导致价格波动的后果。由此,作为计价基础,标准成本相较于会计期间结束后求得的实际成本,更为符合客观真实情况，为企业在价格决策和投标议价时提供了更为稳定和可靠的依据。

3. 简化成本核算工作

标准成本控制系统通常伴随生产操作的标准化，从而减轻了对众多领料单和工作时间卡的分类和汇总工作，因为标准数额已经计入汇总成本单。在生产通知单完工时，只需为差异额在标准工作单上做出分录。标准成本和差异分别列示，材料、在产品、产成品和产品销售成本都可以按标准成本入账。当成本差异数额较小时，可将其作为期间费用处理。这种做法大大减少了核算工作量，既可以及时提供成本资料，又可以使会计人员从繁重的核算工作中解脱出来。通过简化成本核算工作，标准成本控制系统不仅提高了核算效率，还为管理层提供了及时和准确的成本信息，促进了企业资源的高效利用和成本控制的有效实施。

4. 促助企业预算编制与预算控制

标准成本控制系统实质上是单位成本预算的体现，为企业的预算编制与预算控制提供了方便。以直接人工成本预算为例，需先确定每生产一件产品所需的工时数和每小时的工资率，随后将其乘以预算的产品产量，便可确定总人工成本预算数。此过程显示了标准成本的重要性，它为预算编制提供了明确、可量化的基础，从而使企业能够根据标准成本对未来的产量和成本进行合理预测和控制。

5. 增强员工的成本意识

标准成本控制系统要求基层管理者参与，运用科学的方法制定成本标准，使之成为员工工作努力的目标和业绩评估的尺度。此系统的运作促使广大员工关心成本计算，增强成本意识，努力完成预定目标。通过将成本标准明确地传达给员工，并将其作为评估个人和团队业绩的基准，标准成本控制系统为推动员工关注成本和努力实现成本控制目标提供了积极的动力。

6. 为正确评价工作业绩提供依据

标准成本控制系统以标准成本作为评估业绩的尺度。标准成本通常代表在正常生产条件下制造产品的应有成本额。通过比较实际成本与标准成本，能正确评价企业的工作质量。标准成本控制系统对责任会计的推行也具有促进作用。在实行责任会计制度下，各成本中心之间的半成品内部转移价格以标准成本为依据，可以避免各成本中心的责任成本受外界因素的影响，从而有利于正确评价各成本中心的业绩。通过这种方式，标准成本控制系统对于准确评估企业内部各个成本中心的效率和效果，以及推动责任会计的实施，发挥了重要作用。

第二节　标准成本控制系统的关键应用

一、行业应用

（一）制造业中的应用

在制造业中，精益生产方法促进了对生产流程的深入审视，以便识别和消除无效和低效的活动。这种方法经常结合实时数据分析工具，进一步加强对生产环节的了解和控制。数据分析工具可用于监控生产线的各个方面，包括但不限于设备效率、原料使用和人力分配。以设备效率为例，通过对每台机器的运行数据进行综合分析，制造商能够确定设备何时需要维修或更换，从而减少由于设备故障导致的生产中断。通过精确的数据分析，制造商还能够对生产流程进行更细致的分类，如将生产活动分为高价值和低价值两类。高价值活动接着会得到优先分配的资源和注意力，而低价值活动则可能被重新设计或淘汰。这不仅减少了不必要的成本和浪费，还加强了生产效率和产品质量。

(二)医疗行业中的应用

在医疗行业,成本控制具有多重复杂性,源自医疗服务、药物和医疗设备的高成本。电子健康记录(Electronic Health Record, EHR)系统在这一领域起到了转型性的作用,特别是在提高信息流通和资源管理效率方面。电子健康记录系统不仅优化了病历管理和患者信息交换,还为深入数据分析提供了基础,从而使医疗机构能够更精确地定位成本驱动因素。

数据分析在电子健康记录系统中有多种应用,其中之一是精细化的资源利用分析。医疗机构能够通过电子健康记录系统分析各种诊疗程序的成本效益,包括所需的医疗人员数量、设备使用时间以及其他相关资源。一旦识别出资源密集型的诊疗程序,便可以开始探索优化策略,这可能包括流程再设计、采用成本效益更高的替代方案或者通过集成医疗设备来提高效率。电子健康记录系统还允许医疗机构进行更为深入的药品库存管理。通过实时跟踪药品的使用情况和库存水平,医疗机构能够更有效地预防药品过剩或短缺的情况,从而减少浪费并提高服务质量。电子健康记录系统还支持跨机构数据共享和集成,这一功能可以为医疗机构提供更全面的患者信息和治疗历史。这不仅有助于提高诊断的准确性和治疗的效果,还能避免重复检查和不必要的医疗程序,进一步降低成本。

(三)餐饮业中的应用

在餐饮业中,成本控制是一项挑战性的任务,特别是考虑到食材成本在总成本中占有重要比重。库存管理系统在这方面具有不可忽视的作用,它不仅能够实时跟踪食材的使用和消耗,还能通过高级的数据分析功能预测未来需求。这种预测能力是通过深入分析历史销售数据以及与季节性和节假日相关的消费模式来实现的。

数据分析能力进一步加强了库存管理系统在成本控制方面的作用。

具体来说，通过对历史销售数据的细致分析，餐厅可以生成更准确的需求预测模型。这些模型能够识别哪些菜品在特定时间段内可能会受到更多的消费者青睐，从而使餐厅能够更精确地进行食材采购和库存规划。准确的需求预测不仅能够减少食材的浪费，还有助于提高资金周转率，因为餐厅可以避免过度购买导致的资金占用。

库存管理系统还经常与供应链管理系统进行集成，以实现更高程度的成本优化。例如，通过与供应商共享实时库存和需求数据，餐厅可以更有效地协调其采购活动，从而获得更优惠的批量折扣或更快的交货时间。

（四）教育行业中的应用

教育行业在成本控制方面面临着特殊的挑战，尤其是在资金有限和预算受限的情境下。在线教学和混合学习模式为教育机构提供了有效的成本控制手段。这些模式具有多方面的成本效益，包括减少对物理空间和设备的依赖，以及提供更灵活的教学安排。

慕课（Massive Open Online Courses, MOOC）是在线教学模式的一个代表性例子，其能够服务于大量学生群体，显著减少单位学生教育成本。这是因为慕课通常只需要一次性的内容创作和平台维护，但能够为无限数量的学生提供服务。相比之下，传统的教室教学模式需要持续的人力和物力投入，包括教室空间、教学设备以及教师薪酬。资源共享是另一种在线教学模式在成本控制方面的优势。教育机构可以通过共享数字化的教学资源，如教科书、研究材料和教学软件，来实现规模经济。这不仅能够减少每个机构需要投入的资源，还可以通过集中化的资源管理和优化，进一步降低运营成本。在线教学还提供了灵活的教学安排，这可以优化教师资源的利用。例如，通过预录的课程和自动化的评估机制，教师可以更加集中地投入高价值的教学活动，如个性化辅导和研究，从而提高教学质量、实现更高的成本效益。

(五)供应链和物流行业中的应用

供应链和物流行业的成本控制需要综合考虑多个因素,包括运输、仓储、人工和其他间接成本。自动化技术和优化算法在这一领域有着广泛的应用,具体表现在提高运营效率和降低各项成本。物流优化软件通过高级算法来确定最佳的运输路线和装载方式,从而减少不必要的燃油消耗,同时提高货物运输效率。这种算法通常会考虑多个变量,如交通状况、燃油价格和货物特性,以实现综合最优的运输方案。

物联网(Internet of Things, IoT)技术在供应链和物流成本控制中也起到了重要作用。通过在货物和运输工具上安装传感器,企业可以实时监控货物状态和环境条件。这不仅有助于减少货物损失和延误,还能通过数据分析来预测潜在的运输风险,从而采取预防性措施。例如,如果传感器检测到货物的温度或湿度超出了预设范围,系统可以自动调整运输工具的环境控制设备,或者重新规划运输路线以避免不利的气候条件。

自动化和数据分析不仅能优化单一的运输或仓储活动,还能为整个供应链的成本控制提供支持。通过集成来自不同环节的数据,企业可以构建一个全面的成本模型,以识别整个供应链中的成本优化点。这种集成化的方法允许企业在更广泛的范围内实现成本控制,从单一的运输或仓储环节扩展到整个供应链。

二、技术与工具应用

(一)大数据分析:识别成本驱动因素与优化决策

大数据分析技术在成本控制领域已成为一种转型性力量,具有深远的影响和广泛的应用潜力。这些大数据分析技术能够处理和分析大量复杂的数据集,包括交易记录、运营数据和客户行为数据等,从而帮助企业获得有关成本结构和优化点的深入洞见。与传统的数据分析方法相比,大数据分析具有更高的灵活性和精度，能够处理更多维度的数据并生成更复杂的数据模型。

在产品或服务线分析方面，大数据工具能够识别哪些产品或服务是最有利可图的，以及哪些可能是成本中心。这是通过分析各种与成本和收入相关的数据来实现的，如生产成本、销售价格、销售量和客户反馈。这种分析不仅可以揭示单一产品或服务的成本效益，还可以对整个产品或服务线进行优化，以实现最大的整体利润。

大数据分析可以对供应商提供的原料和服务进行全面评估，进而确定哪些供应商能提供成本效益较高的解决方案。这通常涉及对供应商的历史性能、价格、质量和可靠性等多个方面进行综合分析。这不仅可以优化供应商选择和谈判策略，还可以进一步降低采购成本和提高供应链效率。

通过对内部运营数据进行深入分析，企业可以识别哪些流程或活动是成本效益较低的，并据此进行优化或重新设计。这种优化通常涉及对各种流程和活动的时间、资源和质量等多个因素进行综合考虑，以实现最佳的成本效益。

大数据分析还能够支持更为复杂和先进的优化方法，如预测分析和机器学习算法。这些方法可以根据历史数据和其他相关因素预测未来的成本和需求变化，从而支持更为精细化和动态的成本控制策略。

（二）人工智能：自动化与预测模型

人工智能（Artificial Intelligence, AI）技术在成本控制方面提供了一种创新和高度有效的手段。尤其是机器学习算法，它在自动化和预测分析方面具有卓越的性能。例如，在客户服务领域，自然语言处理（Natural Language Processing, NLP）和机器学习算法可用于构建智能聊天机器人，这些机器人能够处理大量的客户咨询和问题，从而减少对人工客服的需求，降低人工成本。同时，人工智能算法可以用于自动化数据分析任务，如成本分析和预测，进一步减少对人力资源的依赖。

预测模型是人工智能在成本控制方面的一个重要应用。这些模型通常使用复杂的机器学习算法，如随机森林或神经网络，来分析大量的历史和实时数据。这样的分析可以生成准确的未来成本和收入预测，从而支持更有效的决策制定。例如，通过对过去几年的原材料价格数据进行分析，机器学习模型可以预测接下来几个月或几年内的价格走势。这种信息对于预算规划和采购策略来说是非常宝贵的。除价格预测外，人工智能在供应链优化方面可以发挥重要作用。通过实时数据分析和预测模型，企业可以更精确地确定库存需求，从而减少存储成本和提高资金周转率。例如，通过使用人工智能算法来分析销售数据、季节性变化和其他相关因素，企业可以生成准确的库存需求预测，从而避免过度库存或缺货的情况。通过使用传感器和人工智能算法，企业可以实时监控生产设备的状态，从而提前预防潜在的故障或维护需求。这不仅可以减少由于设备故障导致的生产中断，还能延长设备的使用寿命，从而降低长期成本。

人工智能技术的这些应用通常需要与其他先进的信息技术和系统集成，如物联网、云计算和大数据平台。这种集成化的方法不仅可以实现更高程度的自动化和预测准确性，还可以通过跨平台和跨部门的数据共享和分析，进一步优化整体成本结构。

（三）云计算：弹性资源分配与成本优化

云计算在成本控制方面提供了一种结构性的解决方案，具有灵活性和高效性的特点。这种技术允许企业根据实际需求进行弹性的资源分配，避免了传统硬件和软件所带来的前期投资和维护成本。通过虚拟化技术，云计算能够快速地分配或释放计算资源，如处理器、内存和存储，从而使企业更灵活地应对市场变化和业务需求。

在运营管理方面，云计算平台通常会提供一系列先进的工具和服务，包括但不限于自动化工具、数据分析服务和安全解决方案。使用这些工具和服务，不仅可以提高运营效率，还可以通过精细化的资源管理进一步降低成本。例如，通过使用云计算平台上的自动化工具，企业可以实现对各种运营活动的自动化管理，如数据备份、系统更新和网络监控，从而减少对人力资源的依赖。

云计算还支持更为复杂的数据分析和决策支持功能。企业可以利用云平台上的数据分析服务来进行深入的成本分析，识别潜在的成本优化点。这通常涉及对大量复杂数据的处理和分析，如交易记录、运营数据和客户行为数据。通过这种方式，企业不仅可以更精确地了解其成本结构，还可以根据数据分析结果来制定更为有效的成本控制策略。除此之外，安全性也是云计算在成本控制方面的一个重要考虑因素。通过使用云计算平台上的安全解决方案，企业可以更有效地管理其信息安全风险，从而避免因数据泄露或系统故障而导致的额外成本。这些解决方案通常包括多种先进的安全技术，如加密、身份验证和入侵检测系统。

（四）集成应用：大数据、人工智能和云计算的融合

集成应用在成本控制领域中呈现出显著的潜力，特别是当大数据、人工智能和云计算这三种先进技术相互融合时。这种集成化的应用模式为企业提供了一个全面而高效的成本控制解决方案，具有更高的自动化水平、更精确的数据分析能力和更灵活的资源管理。

在这种集成应用模式中，云计算通常作为基础架构提供必要的计算资源和数据存储能力。通过使用云平台，企业可以轻松地存储和处理大量的运营数据，而无须进行昂贵的前期投资和维护。这不仅降低了数据管理的成本和复杂性，还为进一步的数据分析和预测提供了便利。人工智能和大数据分析则在这一基础上进一步发挥作用。大数据工具可以处理和分析存储在云平台上的复杂数据集，从而揭示隐藏的成本驱动因素和优化点。这种分析通常涉及多个数据源和多种数据类型，如交易记录、

运营数据和客户行为数据。人工智能算法,特别是机器学习模型,可以用于生成更为准确和细致的成本预测和优化建议。这些模型通常使用复杂的算法来分析大量的历史和实时数据,在此基础上做出未来成本和收入的预测。

这种集成应用模式还有助于优化资源利用和提高决策质量。通过使用云平台上的自动化工具和人工智能算法,企业可以实现对各种资源和活动的精细化管理。例如,通过使用人工智能算法来分析历史销售数据和库存情况,企业可以生成更精确的库存需求预测,从而避免过度库存或缺货的情况。这不仅可以减少存储成本,还可以提高资金周转率。

集成应用模式的优点还包括对于持续优化和改进的支持。通过持续地收集和分析数据,企业可以不断地调整和优化其成本控制策略,从而实现成本的持续降低。这种动态和迭代的优化过程是传统成本控制方法难以实现的,但在集成应用模式下得以有效实施。

三、制度与流程优化

(一)成本控制制度设计

成本控制制度设计在实现组织目标和提高企业绩效方面起到了关键作用。其中,目标导向和责任分配是两个核心要素,它们共同构成了一个完整而有效的成本控制框架。

目标导向性确保了成本控制活动与企业的总体战略和目标紧密对接。这通常涉及多个方面的目标设置,如减少不必要的开支、提高资源利用效率和优化供应链管理。这些目标不仅需要具体、可量化,还需要与企业的长期和短期战略相一致。例如,如果一个企业的长期战略是成为行业内最低成本的供应商,其成本控制目标可能会集中在优化生产流程和提高供应链效率上。具有明确目标导向的成本控制制度能够确保所有的资源和活动都集中于实现这一战略目标。

责任分配在成本控制制度设计中同样至关重要。明确的责任分配不仅确保了各部门和个体都能明确自己在成本控制方面的职责和目标，还大大增加了制度执行的效率和有效性。这通常涉及多个层面的责任分配，从高层管理人员到一线员工，每个人都需要明确自己在成本控制方面的具体职责和任务。例如，高层管理人员负责制定总体的成本控制战略和目标；中层管理人员负责具体的执行和监控；一线员工负责执行具体的成本控制措施，如节约使用资源、减少浪费等。

这种责任分配通常需要通过一系列制度和流程来实现，如绩效评价体系、内部审计和监控机制等。这些制度和流程不仅可以提供对成本控制活动的持续监控和评估，还可以为不达标的部门或个体提供必要的反馈和改进方向。目标导向和责任分配需要在一个动态和持续的过程中进行调整和优化。这不仅需要根据企业战略的变化和市场环境的变化来调整成本控制目标，还需要根据实际执行情况来调整责任分配和执行机制。

（二）成本审批和监控流程

严格的成本审批和监控流程构成了成本控制制度的重要组成部分，关乎企业策略执行的合规性与透明度。在审批流程方面，每一项成本相关的决策都应经过一系列严格的审核步骤。这些步骤通常涉及多个部门和层级，包括财务部门的预算审核、法务部门的合规性检查以及高层管理的最终批准。这一过程的目的是确保所有成本相关的决策都符合企业的总体战略和合规性要求。

合规性在成本审批和监控流程中起到了关键作用。所有成本相关的决策都需要符合相关法律和规定，以及企业内部的政策和规程。这不仅可以避免因不合规行为而产生的法律风险和额外成本，还有助于维护企业的品牌形象和市场声誉。为确保合规性，企业通常需要建立一套详细的合规性检查流程，并配备相应的合规性审计和监控机制。

透明度是确保成本控制效果的一个重要因素。通过建立透明的监控机制，企业可以实现对成本控制活动的实时监控和评估。这通常涉及一系列工具，如实时的预算执行报告、审计跟踪和绩效评价体系。这些工具不仅可以提供实时的成本数据和分析结果，还可以为企业管理层提供有关成本控制效果的实时反馈。例如，实时的预算执行报告可以帮助企业及时发现任何偏离预算或不合规的行为，并据此采取相应的纠正措施。这种实时反馈机制不仅增加了成本控制的时效性，还提高了整个制度的执行力。同时，透明的监控机制有助于增强员工和合作伙伴对成本控制制度的信任和支持。

（三）流程自动化与工作流优化

流程自动化与工作流优化在现代企业环境中占据越来越重要的地位，特别是在成本控制方面。应用先进的软件和技术解决方案，如企业资源计划系统和自动化审批工具，不仅能减少手动操作和错误，还能大幅提升整体运营效率。这种技术驱动的方法在成本控制的多个方面都有显著的影响。

以自动化的采购审批流程为例。通过使用自动化工具，企业能够大幅减少人工干预，从而减少因人为错误或延误而导致的额外成本。自动化工具可以自动检查每一个采购请求是否符合预算和合规标准，从而确保所有采购活动都是合规和高效的。这样不仅缩短了审批周期，还增加了整个流程的透明度和可追溯性。

企业资源计划系统通过整合企业的各个业务模块，如财务、人力资源和供应链，提供了一个全面而精确的视图，有助于更有效地管理和控制成本。企业资源计划系统可以自动追踪和报告各种成本数据，从而使企业能够快速识别哪些区域或活动需要优化。这种自动化和集成的特点使企业能够更灵活地调整其成本控制策略，以应对不断变化的市场环境和业务需求。

流程自动化与工作流优化通常也伴随着一系列内部流程和文化的改

变。例如，为了充分利用这些自动化工具和系统，员工需要接受相应的培训和教育，以确保他们能够有效地使用这些工具，并充分理解其在成本控制方面的重要性。

（四）跨部门协同

跨部门协同在有效的成本控制中扮演着不可或缺的角色。特别是在大型企业或复杂组织结构中，不同部门往往拥有各自独立的资源，这些资源如果能够被有效整合，就能够有效推动成本优化。通常，通过建立精细的沟通和信息共享机制，企业能确保所有相关方，包括但不限于财务、运营、采购和研发部门，都能全面了解并支持成本控制目标和活动。

在跨部门协同的框架下，沟通和信息共享机制通常涉及多种层次和方式。例如，通过定期的跨部门会议和工作组，各部门可以定期更新和讨论成本相关的信息，从而确保所有相关活动都是基于新的和全面的信息进行的。这种机制也为各部门提供了一个平台，以发现和探讨新的成本优化机会，如通过共享供应商资源或整合采购活动以实现规模经济。跨部门协同还有助于解决成本控制中常见的"信息孤岛"问题。在许多组织中，不同部门往往因为缺乏有效的信息共享而导致资源的重复使用或浪费。通过建立一个统一而透明的信息平台，企业可以确保所有部门都能访问到相同的信息，从而避免不必要的资源浪费。

跨部门协同通常也需要一定的制度和文化支持。企业需要建立明确的规则和流程，以指导跨部门的沟通和合作，同时需要通过内部培训和激励机制，鼓励员工积极参与和支持跨部门协同。

四、绩效评价与持续改进

（一）绩效评价体系

绩效评价体系在成本控制中的应用具有多重价值，特别是通过量化指标与综合评价为企业提供了一个多维度的视角。这种体系通常由一组精心设计的量化指标和定性指标组成,涵盖成本偏差、资源利用率、供应链效率等多个关键领域。

量化指标如成本偏差百分比、单位产出成本等,为企业提供了客观、可衡量的评价方式。这些指标通常是实时的,能够为企业管理层提供及时、准确的反馈,从而有助于快速识别问题领域,并据此调整成本控制策略。

综合评价则是一个更为全面的评价过程,通常会涉及财务、运营和战略等多个层面。例如,除了关注成本偏差、资源利用率这类直接与成本相关的量化指标之外,综合评价还会考虑其他如供应链的响应速度、生产过程的可持续性、客户满意度等定性或半定性的指标。这些指标虽然可能不直接反映成本控制的效果,但为企业提供了一个更全面、更多维度的绩效视图,有助于更深入地理解成本控制活动是如何影响整个企业绩效的。

量化指标提供了一种快速、客观的评价方式,而综合评价则提供了一个更为全面、深入的分析框架。两者结合起来,能够更有效地识别成本控制的优势和不足,从而为企业提供有针对性的改进方向和决策支持。

(二)定期审计与分析

定期的成本审计与分析不仅是评估成本控制有效性的途径,而且是识别潜在优势和不足,进而持续改进的重要手段。这一过程通常涉及对实际成本数据与预设预算或基准的深度比较。借助高级的数据分析方法,如方差分析、趋势分析和相关性分析,企业可以准确地识别出哪些成本项或业务环节的表现出色,哪些需要进一步的改进。

假设某一部门的实际成本远高于预算,这一异常情况往往是一个重要的警示信号。它可能意味着该部门存在一系列潜在问题,如操作不当、资源浪费甚至内部管理失控。通过深度审计与分析,企业可以进一步识别导致成本超标的具体原因，是由于原材料价格上涨还是生产效率下降，抑或是管理流程不健全等。在识别出这些具体问题后，企业需要采取一系列针对性的改进措施，如流程优化、资源重新分配或员工培训等。例如，如果分析结果表明某一成本超标是由于生产流程低效所导致，那么企业需要对生产线进行重新规划或引入新的自动化技术以提高效率。如果问题出在人为操作失误，那么相应的员工培训和教育就成为优先考虑的解决方案。

定期审计与分析的周期性和系统性也是其价值所在。通过设置固定的审计周期，企业不仅可以及时地发现和解决问题，还能在一定程度上建立起一种持续改进的文化和机制。这有助于确保成本控制不是一次性的项目，而是一种长期、持续的管理活动。定期审计与分析的系统性，确保了企业运行的各个环节都在监控的范围内，从而能够对企业进行较为全面的分析。

（三）持续改进策略

数据驱动的持续改进策略和反馈循环机制在成本控制中具有显著的价值。在这一框架下，改进策略不是基于直觉或经验，而是严格依据数据分析的结果。这一做法不仅增加了决策的准确性，而且为持续改进提供了一个科学、系统的方法。

数据驱动的持续改进策略通常涉及多个步骤。首先，企业需要确保所有与成本控制相关的数据都被准确地收集和存储。这包括各种类型的财务数据、运营数据和市场数据。其次，这些数据将通过高级的数据分析算法进行深度分析，以识别潜在的改进点和优化方向。这一步通常会涉及多种数据分析方法，如描述性分析、预测性分析和规范性分析。最后，在每一轮分析之后，分析结果和改进建议将被详细地记录和整理。这些信息将用于调整和优化下一轮的成本控制活动。通过这样的持续改进策略和反馈循环机制，企业可以确保其成本控制策略始终处于最优状态，同时能及时地发现和解决潜在问题。

在实践中，反馈循环通常也会涉及一系列其他活动，如内部和外部的审计、员工培训、与供应商和客户的沟通等。这些活动不仅有助于进一步优化成本控制策略，而且能增加整个持续改进过程的透明度和可靠性。

（四）技术支持与自动化

现代技术在持续改进的过程中具有不可忽视的影响力，特别是数据分析工具和自动化软件工具。这些先进的工具能够大大减轻企业在数据收集和分析方面的负担，释放人力资源，从而使管理层和操作层能够更加专注于解决关键问题和实施具体的改进措施。

数据分析工具（如商业智能平台、高级数据可视化软件）能够自动处理大量复杂的数据，快速地提供深入的见解和建议。这不仅加速了决策过程，而且增加了决策的准确性和可靠性。例如，通过对过去几个季度的成本数据进行分析，企业可能会发现某些周期性的成本波动模式，这些模式或与市场需求、原材料价格或季节性因素有关。有了这些信息，企业就能更准确地预测未来的成本趋势，从而制定更有效的成本控制策略。

自动化软件则进一步扩展了这一概念，将自动化应用于更广泛的领域，包括预算编制、报告生成和审计追踪等。例如，自动化的预算编制工具可以减少人为错误，提高预算准确性；自动化的报告生成工具可以实时地提供关键性能指标和成本数据，有助于快速发现问题并采取相应的改进措施。通过集成这些先进的技术，企业不仅可以提高其成本控制的准确性和效率，还能建立起一种数据驱动和自动化支持的持续改进文化。这不仅有助于实现短期的成本节约，而且为企业的长期竞争力和可持续发展提供了坚实的基础。

第三节　标准成本控制系统的实施

一、标准成本控制系统实施的条件

（一）产品设计及生产过程的标准化

产品设计及生产过程的标准化是实施标准成本控制系统的基本条件之一。标准化不仅仅是对成本计算对象的产品成本赋予标准，它是一个多维度、多层次的过程。在生产过程中，零部件、半成品的材料耗用、设备使用及工艺操作方法的标准化是至关重要的，因为只有当这些要素标准化时，才能进行标准成本的累积，从而制定出合理的成本标准。

首先，标准化能确保在生产过程中的每个阶段都能获得预期的结果，从而使成本控制成为可能。标准化可以明确每个生产环节和成本要素之间的数量关系，从而为成本的计算和控制提供清晰、可量化的基础。清晰度和可量化性是实施标准成本控制系统的前提，它们使企业能够明确成本的来源，从而采取有效的措施来控制成本。

其次，产品设计的标准化也是至关重要的。产品设计标准化意味着对产品的各个组成部分、性能和功能有明确的标准和要求，这样可以在设计阶段就确保产品的成本控制。例如，选择标准化的零部件和材料，可以降低采购和库存成本，也可以简化生产过程，减少生产成本。

最后，工艺流程和操作方法的标准化是确保生产效率和质量的关键。采用标准化的工艺流程和操作方法，可以减少不必要的耗费和浪费，从而降低生产成本。标准化的工艺流程和操作方法也可以提高生产效率和产品质量，从而进一步降低成本。

（二）完备的成本管理系统

建立完备的成本管理系统是实施标准成本控制系统的基本条件之一。

标准成本控制系统的主要目的在于成本的控制，但仅仅依赖标准成本计算而缺乏相应的成本管理系统，则标准成本计算的意义将大打折扣。因此，与标准成本计算相适应的是，企业需确立成本管理的责任体系，成立专门的管理部门负责标准成本的制定、差异的原因分析、工作成果的评价以及标准成本的修订等。这种管理部门的建立能够确保标准成本控制系统的有效实施和运行，从而实现成本控制的目的。

成本管理的责任体系是实施标准成本控制系统的基础。明确的责任体系，可以确保各级管理人员清楚自己在成本控制上的职责和权利，从而形成一个有序、高效的成本管理体系。明确的责任体系也可以提高管理人员的成本意识和责任意识，从而有利于实现成本控制的目的。这样，不仅可以使管理人员更加关注成本控制，还可以通过管理部门（成本中心）的考核和评价，推动管理人员努力实现成本控制的目标。

标准成本的制定、差异的原因分析、工作成果的评价以及标准成本的修订是完备成本管理系统的主要任务。标准成本的制定，可以为成本控制提供明确的基础；差异的原因分析，可以及时发现和解决成本控制中的问题；工作成果的评价，可以推动管理人员努力实现成本控制的目标；标准成本的修订，可以不断优化成本控制系统，从而实现成本控制的持续改进。

（三）全员成本意识的提高

全员成本意识的提高是实施标准成本控制系统的基本条件之一。标准成本控制系统旨在通过全面控制成本以实现成本的降低和经济效益的提高。而实现这些目标的关键因素在于人们在生产经营活动中的积极性。可以说，标准成本控制系统本身并不具备降低成本的能力，成本降低的可能性完全取决于管理者和实践者对标准成本控制的态度和参与程度。因此，提高全员的成本意识，获得他们对标准成本控制系统的支持，并激发他们积极参与成本管理，是实现标准成本控制目标的重要措施。

在标准成本控制系统的实施过程中，全员成本意识的提高不仅能够提高成本控制的效率和效果，还能够形成一个积极的成本控制氛围，从而为实现成本降低和经济效益提高创造有利条件。当每一个员工都明白成本控制的重要性，并愿意在日常工作中努力实现成本控制的目标时，成本控制的目标自然能够实现。即全员的积极参与，可以实现标准成本控制系统的有效运行和成本控制目标的达成。

为了提高全员的成本意识，企业可以通过培训和教育的方式，加强员工对成本控制的理解和认识，使他们明白成本控制对企业和个人的重要性。企业也可以通过设定合理的成本控制目标和激励机制，激发员工的成本控制积极性，使他们愿意积极参与成本管理。企业还可以通过创建一个开放和透明的成本信息系统，使员工能够清楚了解企业的成本情况和成本控制目标的实现程度，从而提高他们的成本控制意识和参与程度。

二、标准成本控制系统实施的组织结构

（一）成本中心的设立

作为企业的成本管理部门，成本中心在标准成本控制系统的实施中占据着重要的地位。它是企业内部组织结构的重要组成部分，对于确保标准成本控制系统的有效运作具有至关重要的作用。通过设立成本中心并对企业运行各环节的责任进行划分，企业能够得出各个部门和个人在成本控制中的责任和权限的清晰轮廓。成本中心的设立，有助于构建一个明确、合理的组织结构，为标准成本控制系统的实施奠定坚实的基础。

成本中心是企业内部各个组成部分之间的相互关系和相互作用的重要体现。在这种体制下，各个部门和个人都清楚知道自己在成本控制中的角色和职责，这对于促使他们更好地履行成本控制的职责具有积极的推动作用。成本中心的设立也为标准成本的制定和控制提供了清晰的指

导。在明确的责任和权限的指导下，各个部门和个人能够更加明确地知道如何在日常工作中实施标准成本控制，以及如何通过有效的成本控制来实现企业的经济效益最大化。

标准成本控制系统的实施不仅仅是一个技术性的过程，更是一个组织结构优化和人力资源管理的过程。成本中心的设立，为标准成本控制系统的实施提供了有力的组织保障。通过成本中心，企业可以使每个部门和个人在实际操作中有明确的成本控制方向和目标。这对于保证标准成本控制系统的顺利实施具有重要意义。

在实施标准成本控制系统的过程中，成本中心能够促进企业内部的协作和沟通。在明确的责任和权限的指导下，各个部门和个人能够更加有效地协作，以实现企业的成本控制目标。这种协作和沟通不仅能够促进企业内部的信息流通，而且能够为标准成本控制系统的实施提供有力的支持。

成本中心能够为企业的长期发展提供有益的参考。通过对各个部门和个人的成本控制责任和权限的明确，企业能够更加清晰地了解到自身在成本控制方面的优势和劣势。这对于企业在未来的发展中制定更为合理、有效的成本控制策略具有重要意义。

（二）跨部门协作机制的构建

跨部门协作机制在标准成本控制系统的实施过程中占据着重要的地位。它是确保标准成本控制系统有效实施的重要组织结构要素。在企业的日常运营中，不同的部门往往需要协同工作，以实现企业的成本控制目标。构建有效的跨部门协作机制，可以促进不同部门之间的信息交流和资源共享，从而为标准成本控制系统的实施提供有力的组织保障。

标准成本控制系统的实施往往需要企业内部各个部门的密切协作。不同的部门在成本控制过程中扮演着不同的角色，而他们之间的协作是实现成本控制目标的重要条件。例如，采购部门、生产部门和销售部门

第五章 标准成本控制系统的设计与实施

在成本控制过程中都担负着重要的职责，而他们之间的有效协作则是确保成本控制目标实现的重要前提。通过构建有效的跨部门协作机制，企业可以确保各个部门在成本控制过程中形成合力，从而提高标准成本控制系统的实施效果。

跨部门协作机制的构建有助于促进企业内部的信息交流和资源共享。在标准成本控制系统的实施过程中，及时、准确的信息交流是至关重要的。通过构建有效的跨部门协作机制，企业可以确保各个部门之间的信息交流畅通无阻，从而为标准成本控制系统的实施提供有力的支持。资源共享是提高企业运营效率的重要途径。通过跨部门协作机制的构建，企业可以实现资源的合理配置和有效利用，从而为标准成本控制系统的实施提供有力的组织保障。

在构建跨部门协作机制的过程中，企业需要明确各个部门在成本控制过程中的责任和权限。明确的责任和权限有助于确保各个部门在成本控制过程中的协作更为顺畅。企业也需要为跨部门协作提供必要的组织保障，例如，通过定期的跨部门会议、有效的沟通渠道和协作平台来促进不同部门之间的协作和沟通。

（三）信息流通机制的优化

信息流通机制的优化是标准成本控制系统实施的关键组织结构要求之一。在标准成本控制系统的框架下，成本信息的准确性和及时性直接影响到企业管理者的决策质量和实时性。为了确保标准成本控制系统的有效实施，企业需要优化信息流通机制，确保成本信息能够准确、及时地传递给相关的决策者。

在实施标准成本控制系统的过程中，信息流通机制的优化是一个系统工程。它涵盖了信息的收集、处理、传递和反馈等多个环节。通过优化信息流通机制，企业可以确保成本信息的准确、完整和及时，从而为标准成本控制系统的实施提供有力的组织保障。在信息流通机制的优化过程中，企业需要建立一套完善的成本信息收集和处理流程。这套流程应当能够确保成本信息的准确性和完整性，避免信息的失真和遗漏。企业也需要建立一套高效的信息传递机制，确保成本信息能够及时地传递给相关的决策者。信息技术的应用是信息流通机制优化的重要手段。通过应用先进的信息技术，企业可以实现成本信息的实时收集、处理和传递，从而提高信息流通的效率。例如，企业可以建立一套基于云计算和大数据技术的成本信息管理平台，实现成本信息的实时监控和分析。通过这套平台，企业可以实时掌握各部门或各成本中心和各岗位员工的成本情况，及时发现成本偏差，从而为企业管理者提供有力的决策支持。

在信息流通机制的优化过程中，企业还需要注重人员培训和文化建设。确保企业内部人员具备足够的成本意识和信息技术应用能力，是确保信息流通机制优化的重要前提。通过人员培训和文化建设，企业可以提高员工的成本意识和信息技术应用能力，从而为信息流通机制的优化提供人才和文化保障。

（四）明确的职权与职责分配

明确的职权与职责分配是实施标准成本控制系统的核心组织要素。在标准成本控制系统的实施过程中，每一个环节都离不开人的参与和执行。只有明确了各个部门和各岗位员工的职权与职责，企业才能确保标准成本控制系统的顺利实施。明确职权与职责的首要任务是构建一套完善的职责分配体系。在这个体系中，企业需要明确各个部门和各岗位员工在成本控制过程中的角色和职责。例如，企业需要明确采购部门、生产部门和销售部门在成本控制过程中的职责，确保他们在成本控制的各个环节能够准确、有效地执行其任务。企业也需要明确各岗位员工的职权和职责，确保每一个员工都清楚自己在成本控制过程中的职权和职责。

职权与职责的明确不仅可以帮助企业构建一个有利于实施标准成本控制系统的组织文化和环境，而且可以提高企业内部的效率和执行力。

明确的职权与职责可以避免职责的重复和遗漏,保证成本控制的各个环节都能得到有效的执行。明确的职权与职责也可以为企业内部的沟通和协作提供良好的基础。通过明确的职权与职责分配,企业可以促进各个部门和各岗位员工之间的沟通和协作,从而为标准成本控制系统的实施提供有力的组织保障。

明确职权与职责分配的过程也是企业文化建设的过程。一个明确职权与职责的企业,通常具有较强的执行力和协作精神。通过明确的职权与职责分配,企业可以培育出一种积极的组织文化,为标准成本控制系统的实施提供良好的文化基础。在明确职权与职责的过程中,企业需要注重员工的培训和发展,确保他们具备完成职责所需的知识和技能。明确职权与职责分配是一个持续的过程,企业需要根据实际情况不断地优化职权与职责的分配,确保企业的组织结构始终能够适应标准成本控制系统的实施需求。通过明确的职权与职责分配,企业不仅可以为标准成本控制系统的实施提供有力的组织保障,而且可以提高企业的效率和竞争力。

(五)持续的培训与教育机制

培训与教育机制在确保标准成本控制系统顺利实施过程中占据着重要的位置。培训与教育是一个系统性、多层次、持续不断的过程,目的是确保企业所有员工对标准成本控制系统有清晰的理解,掌握相关知识和技能,从而提高标准成本控制系统的实施效果。培训与教育的重要性不仅体现为可以提高员工的知识水平和技能水平,而且体现为可以构建与标准成本控制系统相适应的组织结构和企业文化。培训与教育机制的构建是一个系统工程,涉及培训内容的设计、培训方法的选择、培训效果的评估等多个方面。它需要企业投入相应的资源和精力,制定科学、合理、具有针对性的培训方案,并建立一套有效的培训与教育体系。

培训内容的设计是培训与教育机制的基础。在设计培训内容时,企业需要充分考虑标准成本控制系统的特点和要求,确保培训内容与标准成本控制系统的实施相匹配。培训内容还需要结合企业的实际情况和员工的实际需求,保证培训内容的实用性和针对性。培训方法的选择则影响着培训效果。企业可以根据培训内容和员工的特点,选择适合的培训方法,如课堂讲授、实操练习、线上培训等。企业还需要注意培训方法的多样性和创新性,以保持员工的学习兴趣、增强培训效果。培训效果的评估是培训与教育机制的重要环节。通过对培训效果的评估,企业可以了解培训的实际效果,为进一步优化培训内容和方法提供依据。培训效果的评估还可以激励员工参与培训,提高其学习的积极性。

企业需要注意培训与教育机制的持续性和系统性。只有保证培训与教育的持续性,企业才能确保员工不断更新知识、提高技能。而系统性则要求企业从整体上考虑培训与教育的安排和实施,确保培训与教育的各个环节相互协调、相互支持。通过持续的培训与教育机制,企业可以为标准成本控制系统的实施提供有力的人力资源保障,确保各级员工能够准确、有效地执行标准成本控制的任务。培训与教育也有助于构建积极向上的企业文化,提高员工的成本意识,为标准成本控制系统的长期稳定运行奠定坚实的基础。

三、标准成本控制系统实施的技术基础

(一)信息技术基础设施

在实施标准成本控制系统的过程中,完善的信息技术基础设施成为支撑整个系统运作的基石。企业要具备先进的硬件设备和软件平台,来为成本数据的收集、处理和传输提供技术保障。企业资源计划系统、数据库管理系统以及网络通信设施等,构成了标准成本控制系统的技术框架,使企业能够实时监控和管理成本数据,确保成本控制的准确性和时效性。特别是企业资源计划系统,它整合了企业内部的多种业务流程,

第五章　标准成本控制系统的设计与实施

为成本数据的集中管理和实时分析提供了可能。而数据库管理系统则为大量成本数据的存储、检索和管理提供了高效的解决方案。网络通信设施的完善为企业内外部的信息流通提供了通道，确保了成本数据的及时传输和准确反馈。通过网络通信设施，企业能够实现与供应商、客户和其他合作伙伴的信息交换，也能保证内部各部门之间的数据共享和协作，从而为标准成本的制定和控制提供实时、准确的数据支持。而随着云计算、大数据和人工智能等新技术的应用，企业的信息技术基础设施将更加完善，为标准成本控制系统的实施带来新的可能和优势。例如，云计算技术的应用使企业能够实现成本数据的云端存储和处理，提高数据处理的效率和安全性。大数据分析能够帮助企业从海量的成本数据中发掘出有价值的信息，为成本控制的决策提供数据支持。而人工智能技术的应用则可以通过智能分析和预测，为企业的成本控制提供更为准确和个性化的解决方案。

（二）成本信息系统

成本信息系统是标准成本控制系统实施的重要技术基础，其核心功能在于准确、及时地收集、处理和传输成本信息，为标准成本的制定和控制提供数据支持。一个高效的成本信息系统能确保成本数据的准确性和及时性，为企业的成本控制工作提供强有力的技术支撑。成本信息系统一般包括数据收集、数据处理、数据分析和数据报告等多个环节。

在数据收集环节，成本信息系统需要覆盖企业的所有成本相关活动，包括原材料采购、生产过程、销售和服务等。自动化的数据采集设备和方法，例如传感器、条形码扫描器和电子数据交换（Electronic Data Interchange, EDI）等，能够实时、准确地捕捉到成本相关的数据，为后续的数据处理和分析提供原始输入。将自动化数据采集与企业资源计划系统、供应链管理（Supply Chain Management, SCM）系统和客户关系管理（Customer Relationship Management, CRM）系统等其他信息系统相集成，能够实现成本数据的全面收集和整合。在数据处理和分析环节，成本信息系统需要具备强大的数据处理和分析能力，以支持企业的成本控制需求。通过数据清洗、数据转换和数据分析等技术方法，成本信息系统能够将收集到的原始数据处理成为对企业有价值的成本信息。利用数据挖掘、预测分析和优化算法等技术，成本信息系统能够帮助企业发现成本控制的问题和改进的机会，为企业的成本决策提供数据支持。在数据报告环节，成本信息系统需要能够生成清晰、直观的成本报告，为企业管理者和决策者提供便于理解和使用的成本信息。通过图表、仪表盘和报告等展现形式，成本信息系统能够将复杂的成本数据转化为直观的信息，帮助企业管理者和决策者快速理解企业的成本状况和成本控制效果。通过移动应用、云平台和数据共享等技术，成本信息系统能够实现成本信息的实时共享和协作，为企业的成本控制工作提供及时、准确和高效的信息支持。

（三）数据分析能力

数据分析能力在标准成本控制系统的实施中占据重要地位，它为企业提供了对大量成本数据深度挖掘的可能，能够帮助企业识别成本控制的问题所在及改进的机遇。企业通过投资于数据分析软件、培训数据分析人员并构建标准的数据分析流程来提升数据分析能力，为标准成本控制系统的实施提供重要的技术支持。

在标准成本控制系统实施的初期，数据分析能力帮助企业确定合理的成本标准，即通过深度分析历史成本数据来识别成本构成和成本驱动因素，从而为标准成本的制定提供数据支持。之后，通过对比分析标准成本和实际成本，数据分析能力使企业能够及时发现成本偏差，分析偏差的原因，并提出针对性的改进措施。通过对不同成本责任中心的成本数据进行分析，企业能够评价各成本责任中心的成本控制效果，为企业的成本管理提供数据依据。

标准成本控制系统的逐步完善会带来数据分析能力的提升，这可以为企业的持续成本优化提供有力支持。通过对成本数据的持续监控和分析，企业能够发现成本控制的新机遇和改进的空间，以及持续优化成本控制的策略和方法。通过对外部市场和行业成本数据的分析，企业能够了解自身成本水平相对于行业和竞争对手的位置，获得战略决策的数据支持。

数据分析能力的提升不仅依赖于技术和工具，还依赖于企业对数据分析人员的培训和发展。通过培训和发展数据分析人员，企业能够保持数据分析能力的持续提升，为标准成本控制系统的成功实施提供持续的技术保障。同时，通过构建完善的数据分析流程和机制，企业能够确保数据分析工作的高效进行，为标准成本控制系统实施提供有力的技术支持和保障。

（四）成本计算技术

成本计算技术为实施标准成本控制系统提供基础支持，它能够帮助企业计算和分析成本，为标准成本的制定和控制提供数据依据。企业需掌握诸如活动基础成本法、标准成本法等先进的成本计算方法。活动基础成本法通过分析企业的业务活动和过程，识别成本驱动因素，为成本分配提供合理的基础。标准成本法则通过预先设定的成本标准，为企业的成本控制和成本分析提供重要的参考。

企业在实施标准成本控制系统的过程中，需不断更新和完善成本计算技术，以适应企业的发展和市场的变化。随着市场环境的变化和企业业务的拓展，原有的成本计算方法可能不再适用，此时企业需调整成本计算方法，以确保成本计算的准确性和及时性。例如，企业可以引入新的成本计算技术，如生命周期成本法、目标成本法等，以满足不同阶段的成本控制和分析需求。

企业也需关注新兴的成本计算技术和工具，以为企业的成本计算提供新的可能和优势。标准成本控制系统的实施不应依赖于单一的成本计算技术,而应依赖于多种成本计算技术的综合应用。企业需构建一个包括多种成本计算方法和技术的成本计算体系,以支持标准成本控制系统的实施。这个成本计算体系需能够满足企业不同业务和管理层次的成本计算和分析需求,为企业的成本控制和成本优化提供持续的技术支持。

(五)系统集成与自动化

系统集成与自动化能够为标准成本控制系统的实施提供显著的技术支持,与其共同促进企业成本控制效率的提升、成为成本数据准确性的保障。

系统集成能够使企业的各个子系统实现数据的实时共享和流通,消除数据孤岛,确保成本数据的一致性和完整性。例如,企业资源计划系统的应用能够实现财务、采购、生产、销售等不同部门之间的数据集成,为成本的计算和分析提供全面和准确的数据支持。通过系统集成,企业能够确保成本数据的准确性和及时性,从而获得标准成本的制定和控制的重要数据基础。

自动化则是通过应用先进的信息技术,减少人工干预,提高成本控制的效率和精度的一种方式。例如,通过自动化的数据采集和处理技术,企业可以实时收集和处理大量的成本数据,这减少了人工数据录入和处理的错误,提高了数据的准确性。自动化的成本分析和报告系统能够快速生成成本报告和分析结果,为企业的决策提供及时和准确的支持。自动化不仅能够提高成本控制的效率,还能够降低成本控制的成本,为企业的成本优化和效率提升提供重要的技术支持。

通过系统集成与自动化,企业能够构建一个高效、准确和实时的标准成本控制系统,为企业的成本管理提供有力的技术支持。系统集成与自动化也能够为企业的持续改进和成本优化提供重要的技术基础,为企业的长期发展提供有力的技术保障。

第五章　标准成本控制系统的设计与实施

第四节　标准成本控制系统的管理

一、目标导向管理

（一）目标设定

目标设定作为标准成本控制系统管理的起始阶段，其重要性不言而喻。明确的目标不仅为企业提供前进的方向，还为企业的各项操作提供明确的指导。在标准成本控制系统中，目标设定主要涉及成本降低、效率提升、质量保证等多方面。每一个目标的设定都应基于企业的实际情况和外部环境的要求，确保目标的可实现性和挑战性。

在目标设定阶段，企业应充分考虑自身的实际能力和市场需求。企业可通过分析自身的成本结构和市场竞争状况来确定具体的成本控制目标。例如，通过对过去成本数据的分析，企业可以发现成本过高的环节和潜在的成本降低空间，获得成本降低目标的数据支持。目标设定还应结合企业的长远发展目标和市场竞争策略，确保成本控制目标与企业的整体战略相一致。

目标的设定不仅仅是一个单纯的数字设定过程，更是一个策略思考的过程。在这个过程中，企业需要综合考虑多方面的因素，包括企业的资源条件、市场竞争状况、技术进步的可能性等。这些因素的综合考虑，可以帮助企业设定出既具有挑战性又具有可实现性的成本控制目标。目标设定的过程也是一个内外部沟通协调的过程。企业通过内部各部门之间和与外部相关方的沟通协调，可以确保成本控制目标的明确和可接受性，从而为标准成本控制系统的顺利实施提供良好的基础。

（二）目标分解与传递

目标分解与传递是标准成本控制系统管理中目标导向管理的重要环

节,它涵盖了将总体目标细化为各部门或各成本中心和各岗位员工的具体目标,并确保所有相关人员明确自身在成本控制中的职责和目标。这一过程对于保证标准成本控制系统的成功实施具有至关重要的意义。目标的分解与传递,可以将企业层面的宏观目标转化为具体可操作的微观目标,从而促进企业的各部门或各成本中心和各岗位员工更好地理解和执行成本控制的任务。

目标分解是一个系统性的过程,需要根据企业的组织结构和实际情况,将总体目标分解为各部门或各成本中心和各岗位员工的具体目标。在这个过程中,应充分考虑各部门或各成本中心和各岗位员工的实际能力和责任范围,确保分解后的目标具有可执行性和挑战性。例如,可以将企业的成本降低目标分解为各成本中心的具体成本控制目标,如材料成本、人工成本、制造费用等。可以将企业的效率提升目标分解为各部门的效率提升目标,如生产效率、销售效率等。这样的分解可以帮助各部门或各成本中心明确自身的责任和要求,为实施标准成本控制系统提供清晰的指导。

在目标分解完成后,目标传递成为确保目标实施的关键环节。有效的目标传递可以帮助企业的各级管理者和员工明确自身的责任和要求,从而提高其对成本控制目标的认识和接受度。目标传递不是一个简单的通知过程,而是一个涵盖了沟通、协调、解释和培训等多方面的复杂过程。在这个过程中,应充分利用企业的内部沟通渠道,如会议、培训、内部公告等,确保目标被准确传递和理解;还应提供必要的培训和支持,帮助各级管理者和员工更好地理解和执行成本控制的目标。有效的目标分解与传递,可以为标准成本控制系统的成功实施提供有力的组织保障。

(三)目标监控

目标监控是标准成本控制系统管理中目标导向管理的重要组成部分,它涵盖了对企业各部门或各成本中心和各岗位员工执行成本控制活动的持续监控与评估。目标监控不仅能够确保各部门或各成本中心和各岗位员工能够按照既定目标有效地执行成本控制活动，而且能够及时发现和纠正成本控制中的问题，从而保证标准成本控制系统的成功实施和企业的整体成本目标的实现。

在标准成本控制系统的实施过程中，目标监控通常通过构建和应用一套有效的成本监控机制来实现。这套机制能够提供实时、准确的成本数据，以支持对各部门或各成本中心和各岗位员工成本控制活动的监控和评估。例如，企业可以通过构建成本信息系统，收集和分析各部门或各成本中心和各岗位员工的成本数据，包括实际成本与标准成本的比较、成本差异的分析等，从而及时发现成本控制中的问题和改进的机会。通过实时的成本监控，企业可以及时了解各部门或各成本中心和各岗位员工的成本控制情况，包括成本节约的实现、成本差异的发生等，从而获得成本决策的有力的数据支持。此外，目标监控应包括对各部门或各成本中心和各岗位员工的成本控制绩效的评估。通过构建一套科学、合理的成本绩效评估体系，企业可以评估各部门或各成本中心和各岗位员工在成本控制中的绩效，包括成本节约的实现情况、成本目标的完成情况等。通过绩效评估，企业可以明确各部门或各成本中心和各岗位员工在成本控制中的贡献和责任，从而为标准成本控制系统的持续改进和企业的成本管理提供有力的支持。通过目标监控和绩效评估，企业还可以激励和培养全体人员的成本意识和成本控制能力，从而为企业的长期成本管理和企业的持续发展提供有力的人力资源保障。

（四）目标评估与反馈

目标评估与反馈在标准成本控制系统管理中占据重要的地位，是目标导向管理不可或缺的环节。通过定期的目标评估，企业能够明确了解各部门或各成本中心和各岗位员工在成本控制方面的表现，包括成本节约的实现情况、成本差异的产生以及成本目标的完成情况等。而通过反馈机制，企业能够及时将评估结果传递给相关人员，从而为企业的未来目标设定和成本控制改进提供重要的参考。

目标评估通常涉及多方面的内容。首要任务是评估各部门或各成本中心和各岗位员工对企业总体成本目标的贡献，这通常包括实际成本与标准成本的比较、成本差异的分析以及成本节约的评估。通过对成本数据的深入分析，企业能够发现成本控制中的问题和改进的机会，获得成本控制调整的数据支持。目标评估还包括对成本控制流程和机制的评估，以确保成本控制的有效性和效率。目标评估还需要考虑外部因素，如市场变化、原材料价格波动等对成本控制的影响，以确保评估的公正性和准确性。

反馈是目标评估的重要延伸。通过建立有效的反馈机制，企业能够及时将评估结果传递给各部门或各成本中心和各岗位员工，从而帮助他们了解自身在成本控制方面的表现，发现问题并寻求改进。反馈不仅能够提高员工的成本意识和成本控制能力，而且能够为企业的未来目标设定和成本控制改进提供有力的参考。例如，通过反馈，企业能够发现和传递成本控制的最佳实践，分享成本节约的经验和方法，从而为企业的成本控制和成本管理提供长期的支持。通过目标评估与反馈，企业还能够建立和完善成本控制的激励机制，激励和培养员工的成本意识和成本控制能力，从而为企业的长期成本管理和持续发展提供有力的人力资源保障。

二、过程控制管理

（一）流程标准化

流程标准化是过程控制管理的基础，它确保了标准成本控制系统能够在清晰、有序的流程中运作。通过明确成本控制的流程标准，企业能够提高成本控制的效率和准确性。

在标准成本控制系统中,流程标准化通常涵盖多个层面。其中一个重要层面是成本数据的收集、处理和分析。企业需要明确成本数据收集的流程和标准,包括数据的来源、数据的格式以及数据的收集周期等。企业还需要明确成本数据的处理和分析流程,包括数据清洗、数据整合和数据分析等。通过标准化的流程,企业能够确保成本数据的准确性和及时性,获得标准成本的制定和控制的数据支持。流程标准化还涵盖了成本标准的制定和修订。企业需要明确成本标准制定的流程和标准,包括成本标准的基础、成本标准的计算方法以及成本标准的审批和发布等。通过标准化的流程,企业能够确保成本标准的合理性和科学性,为成本控制提供清晰的指导。流程标准化还涵盖了成本控制的执行和监控。企业需要明确成本控制的执行流程和监控流程,包括成本控制的任务分配、成本控制的执行标准以及成本控制的监控和评估等。通过标准化的流程,企业能够确保成本控制的有效性和效率,为成本的降低和效率的提高提供有力的支持。

流程标准化的实施需要企业的高层领导和各相关部门的支持和参与。企业的高层领导需要明确流程标准化的重要性,并为流程标准化的实施提供必要的资源和支持。各相关部门需要积极参与流程标准化的实施,明确自身在流程标准化中的职责和任务,并确保流程标准化的执行和监控。此外,有效的流程标准化监控和评估机制可以确保流程标准化的持续改进和优化,为标准成本控制系统的长期运作和企业的持续发展提供有力的保障。

(二)过程监控

过程监控作为过程控制管理的重要组成部分,对于标准成本控制系统的有效运作具有不可忽视的价值。实时监控成本控制的各个环节,可确保流程的正确执行,及时发现和纠正偏差,从而确保成本控制目标的达成。在标准成本控制系统的运作中,过程监控不仅是监督和评估成本控制效果的重要手段,还是及时发现问题、优化管理措施、提升成本控制效率和效果的重要途径。

过程监控需要实时监控和评估成本控制的各个环节的执行情况,包括成本数据的收集、处理和分析,成本标准的制定和修订,以及成本控制措施的执行和效果等。企业需通过建立有效的监控机制和标准,明确过程监控的内容、标准、周期及监控结果的处理和反馈等,来确保各环节能够按照既定的流程和标准执行,并及时发现和纠正偏差。例如,实时监控成本数据的收集和处理,来确保成本数据的准确性和及时性;定期评估成本标准的适用性和效果,来确保成本标准的合理性和科学性;持续监控成本控制措施的执行和效果,来确保成本控制的有效性和效率。

过程监控的实施通常需要依赖于先进的信息技术和系统支持。例如,通过建立完善的成本信息系统和监控系统,企业可以实现成本数据的实时监控和分析,为过程监控提供强有力的技术支持。企业还需建立有效的沟通和反馈机制,确保监控结果能够及时传递给相关的决策者和执行者,并及时采取相应的改进措施,从而确保过程监控的实效性和效果。

过程监控对于标准成本控制系统的成功实施发挥着重要作用。通过有效的过程监控,企业不仅可以确保成本控制的正确执行,而且可以及时发现和解决成本控制中的问题,从而不断优化成本控制的流程和措施,提升成本控制的效率和效果,为企业的长期发展和竞争优势的构建提供有力的支持。

(三)过程优化

过程优化是标准成本控制系统管理中过程控制管理的重要方面,其目标是通过对成本控制过程的持续分析和改进,不断优化成本控制流程,从而提高成本控制的效率和效果。实施标准成本控制系统,往往需要对现有的成本控制流程和机制进行深入分析和评估,以发现存在的问题,同时寻找改进的机会和方向。过程优化涉及成本控制流程的设计、执行和评估等多个环节,需要企业采取系统化和科学化的方法来进行优化。

在过程优化的实施中,数据分析是不可缺少的。企业需要通过收集和分析大量的成本数据,对成本控制的流程和机制进行深入的分析和评估,以发现存在的问题。例如,企业可以通过对成本数据的分析,发现成本超标的原因和环节,从而找到改进的方向和措施。

除数据分析外,过程优化的实施还需要企业明确优化的目标和标准、制定具体的优化方案和措施、建立有效的执行和评估机制,以确保过程优化的效果和效益。同时,过程优化的实施需要依赖于先进的技术和系统支持。例如,企业可以通过引入先进的成本控制系统和技术,实现成本控制流程的自动化和智能化,从而提高过程优化的效率和效果。企业还需要建立一套完善的过程优化机制和流程,确保过程优化的持续性和有效性,从而为标准成本控制系统的成功实施和有效运作提供有力的支持。

(四)部门协作

有效的部门协作能够促进成本控制流程的顺利执行。成本控制不是一个部门的事务,而是多个部门、多个层级共同参与和协作的过程。只有不同部门有效协作、共同参与成本控制活动,标准成本控制系统才能够得到有效的实施。

在标准成本控制系统的实施过程中,不同部门需要共同参与成本控制活动,协调各自的工作,以确保成本控制流程的顺利执行。例如,采购部门、生产部门和销售部门需要共同协作来促进成本控制目标的达成。

为了促进部门协作,企业需要建立一套有效的协作机制和流程。这包括明确各部门在成本控制中的职责和任务,建立有效的沟通和协调机制,以及制定具体的协作流程和规范。通过这些机制和流程,企业可以确保不同部门能够有效协作,共同参与成本控制活动,从而确保标准成本控制系统得到有效的实施。企业还需要建立一套有效的评估和反馈机

管理会计中成本管理与控制研究

制,以确保部门协作的效果和效益。通过定期的评估和反馈,企业可以发现部门协作中存在的问题,及时调整协作机制和流程,从而提高部门协作的效果和效益。企业需要通过培训和教育等方式,培养和提高员工的协作意识和能力,确保员工能够理解和认识到部门协作的重要性,从而积极参与部门协作,共同推动标准成本控制系统的实施。

三、持续改进管理

(一)持续学习

通过持续学习,员工能够不断提高成本控制知识和能力,从而为企业标准成本控制系统的优化和改进提供持续的动力和支持。

持续学习的重要性在于它能够为标准成本控制系统的持续改进提供源源不断的知识和能力支持。在标准成本控制系统的实施和管理过程中,企业会面临各种各样的问题。持续学习能够帮助员工不断更新和完善其成本控制知识和能力,从而为企业更好地解决这些问题。通过持续学习,员工能够不断掌握和应用先进的成本控制理论、方法和技术,从而为标准成本控制系统的优化和改进提供有力的支持。持续学习还能够促使企业形成一种积极向上、持续改进的文化和氛围。这种积极向上、持续改进的文化和氛围能够促使员工不断发现和解决成本控制中的问题,推动标准成本控制系统的持续改进。

(二)持续改进

在标准成本控制系统的管理过程中,改进活动占据着不可或缺的位置。这些活动作为持续改进的具体实施手段,为持续优化成本控制的效果提供了实践路径。例如,通过六西格玛的精确数据分析和精益生产的流程优化,企业能够持续发现并解决成本控制过程中的问题,实现成本控制效果的持续优化。六西格玛和精益生产不仅能够帮助企业发现和解决问题，还能够帮助企业构建一套能够支持持续改进的组织和流程体系。

六西格玛作为一种以数据为基础的质量改进方法，能够帮助企业通过精确的数据分析发现成本控制过程中的问题。通过对成本数据的深度分析，企业能够准确识别成本控制过程中的问题，并通过六西格玛的改进方法，如DMAIC（定义define、测量measure、分析analyze、改进improve、控制control）方法，来解决这些问题。这种基于数据的质量改进方法能够帮助企业实现成本控制效果的持续优化，为标准成本控制系统的持续改进提供有力的支持。精益生产则是一种以流程优化为核心的改进方法。通过消除流程中的浪费，优化流程的设计和执行，企业能够实现成本控制效果的持续优化。精益生产不仅能够帮助企业优化成本控制的流程，还能够帮助企业构建一套能够支持持续改进的组织和流程体系。通过精益生产，企业能够构建一套简洁、高效、可持续改进的成本控制流程，为标准成本控制系统的持续改进提供有力的组织和流程支持。

改进活动的实施，不仅需要企业的技术和管理支持，还需要企业文化的支持。一个鼓励创新、支持改进的企业文化，能够为改进活动的实施提供有力的内在动力。

（三）知识和经验的分享与传递

通过有效的知识管理系统，企业可以使成本控制的知识和经验得到有效的分享和传递，从而为持续改进提供强有力的支持。知识管理系统不仅是知识储存和传递的工具，而且是推动企业持续改进和学习的平台。通过知识管理系统，企业能够构建一个共享、学习和改进的企业文化和环境，为标准成本控制系统的持续改进提供有力的组织和文化支持。

知识管理系统的建立，为企业的成本控制知识和经验的积累、分享和传递提供了技术和管理平台。通过知识管理系统，企业能够将成本控制的知识和经验以结构化的方式储存和管理，为企业的成本控制提供强有力的知识支持。通过知识管理系统的分享和传递功能，成本控制的知识和经验能够被快速、准确地分享或传递给相关的人员，从而为企业的成本控制提供强有力的知识和经验支持。通过知识管理系统的学习和改进功能，人们能够学习更多的成本控制知识和经验，分享改进方案与案例，从而为企业成本控制的持续改进提供知识与经验的支持。

知识管理系统的运用，不仅可以促进企业的成本控制知识和经验的积累、分享和传递，还可以推动企业的持续学习和改进。企业可以构建一个支持持续学习和改进的知识环境和文化，为标准成本控制系统的持续改进提供强有力的组织和文化支持。企业可以将成本控制的知识和经验与企业的其他管理知识和经验相结合，构建一个综合、系统的知识体系，为标准成本控制系统的持续改进提供强有力的知识支持。

（四）成本控制文化建设

在标准成本控制系统管理中，成本控制文化建设是推动持续改进管理的重要组成部分。企业文化是指企业的价值观、信仰、行为规范和管理方式等，它能够影响员工的行为和企业的运营效率。通过构建以成本控制为核心的企业文化，企业能够提高全员的成本控制意识和参与度，为标准成本控制系统的持续改进提供强有力的组织和文化支持。成本控制文化不仅仅是一种组织文化，更是一种管理理念和方法，它能够推动企业的成本控制工作从被动应对转变为主动控制，从简单的成本控制转变为持续的成本改进和优化。

成本控制文化的建设，需要企业领导的支持和推动，以及全员的参与和实践。企业领导需要意识到成本控制的重要性，为成本控制文化的建设提供强有力的支持。企业还需要通过各种方式，如培训、交流和激励等，提高全员的成本意识和能力，为成本控制文化的建设提供实际的支持。通过成本控制文化的建设，企业能够构建一个支持持续学习和改进的组织环境和文化，为标准成本控制系统的持续改进提供强有力的组织和文化支持。通过成本控制文化的建设，企业能够将成本控制的理念和方法融入企业的日常管理和运营,为标准成本控制系统的持续改进提供实际的支持和保障。通过成本控制文化的建设,企业能够将成本控制的理念和方法与企业的其他管理理念和方法相结合,构建一个综合、系统的管理体系,为标准成本控制系统的持续改进提供强有力的支持。

第六章 管理会计中的成本分析方法

第一节 直接成本和间接成本的区分与分析

一、定义与性质

(一) 直接成本分析法

1.直接成本的基本概念

在管理会计领域中,成本的追踪与分析一直是核心议题,而直接成本作为其中的关键部分,其核心概念便是"直接性"。所谓的"直接性"是指某些成本能够明确并直接分配给特定的成本对象,如某一产品、服务或项目,而无须经过复杂的分摊或分配过程。这种特性使直接成本与其对应的成本对象之间的关联变得尤为紧密。

2.直接成本的明确性

直接成本的明确性为企业决策提供了坚实的基础。由于直接成本与特定的成本对象存在明确的关联,因此企业可以无误地追踪和分配每一单位的成本。这种明确性不仅简化了成本的管理过程,还使预算制定、成本控制和性能评估变得更为简单和直观。具有明确性的直接成本为企业提供了一个查看其运营活动的效率和生产能力的视角。这种明确性还促进了资源的有效分配，使企业能够更加灵活地应对市场变化，优化生产流程，从而实现成本效益的最大化。而在更为宏观的层面上，明确的直接成本为企业在竞争激烈的市场环境中制定策略提供了关键信息，有利于其维持或提高市场地位，实现经济利益的持续增长。

3.直接成本与生产、服务的直接相关性

直接成本与其对应的产品或服务有着不可分割的联系，这种直接相关性使直接成本成为企业运营活动的反映。每一笔直接成本的支出都代表了某种形式的企业资源的使用，无论是原材料、设备还是员工的劳动力。而这些资源的使用旨在生产特定的产品或提供特定的服务，从而满足市场需求，实现经济回报。因此，直接成本为企业提供了一个理解其生产和服务活动的效率、效果和盈利能力的重要视角。由于直接成本与生产和服务活动直接相关，因此其为企业提供了一个有效的工具，可以用来评估和优化企业运营策略，来促使企业以最低的成本实现最大的经济效益。

4.直接成本的可操作性

直接成本的可操作性是其显著的特性之一。由于直接成本可以被明确识别和测量，因此企业可以轻松地对其进行追踪、分析和控制。这种可操作性为企业提供了一个强大的工具——企业可通过直接成本来监控和管理其生产和服务活动的经济效益。例如，在制造业中，通过使用先进的成本系统，如标准成本系统或作业成本系统，企业可以准确地追踪和分析每一产品单位的直接成本，从而实现更为精确和有效的成本控制。这种可操作性还为企业提供了一个机会——企业可以以更为系统和结构化的方式来优化其资源使用，提高生产效率，从而实现更高的经济回报。

（二）间接成本分析法

1. 间接成本的基本概念

间接成本在管理会计中是不可直接归属于特定成本对象的成本。与直接成本形成对比，间接成本不是为了生产某一特定的产品或提供某一具体的服务而直接发生的。间接成本的例子包括管理和行政费用、制造费用以及某些工资和薪酬。在许多场景中，这些成本被视为"共同成本"，因为它们是为了支持多个产品、项目或服务而发生的，并且不易被直接追溯到任何单一的成本对象。

2. 间接成本的复杂性

间接成本的复杂性主要源于其与特定成本对象之间的非直接关联。在成本分析的过程中，直接成本可以轻易地与其产生的特定产品或服务联系起来。但对于间接成本，这种明确的、一对一的关联并不存在。这种非直接关联导致了间接成本在识别、分配和管理上的复杂性。例如，一个工厂的电费可能服务于多个产品线，或者某个部门的工资可能支持多个项目。为了准确地反映每一个产品、项目或每一项服务的真实成本，企业需要建立一种机制来合理地分摊这些间接成本。这种分摊通常基于某些逻辑或准则，但由于间接成本的非直接性，这种分摊往往涉及众多的判断和估计，从而增加了复杂性。

3. 间接成本分配的需求

分配是间接成本管理的核心环节。由于间接成本不能直接分配给某一特定的成本对象，因此其必须基于某种分摊基础来进行分配。分摊基础可能是工时、生产量或其他与成本对象有关的度量。选择正确的分摊基础至关重要，因为它直接影响到成本分配的准确性和公平性。例如，如果某一间接成本主要与生产时间有关，那么基于工时的分摊可能是最合适的。而如果某一间接成本与生产量有更直接的关联，那么基于生产量的分摊可能更为合适。选择不当的分摊基础可能导致成本的误分配，从而影响到企业的决策和利润。

4. 间接成本的变动性

间接成本的变动性是其关键特性之一。这意味着，与直接成本相比，间接成本可能更容易受到外部因素的影响，并在不同的生产或销售水平下呈现出不同的行为。例如，随着生产量的增加，与生产相关的某些间接成本，如机器的折旧或维护费用会增加。这种变动性使间接成本的预测和控制变得更为复杂。企业需要不断地监测这些成本，并根据实际情况进行调整，以确保它们的准确性和相关性。

5. 间接成本的决策影响

间接成本在企业的决策过程中起着关键的作用。尽管间接成本不能像直接成本那样直接追溯到特定的成本对象，但其在定价、利润分析和其他关键决策中仍然具有重要意义。通过正确地分配和管理间接成本，企业可以更准确地确定其产品或服务的完整成本，从而为决策制定提供有力的支持。对间接成本的准确理解和管理还可以帮助企业发现潜在的成本节约机会，优化资源分配，提高整体的经营效率。

二、追踪与分配

（一）直接成本分析法的追踪

1. 可明确追踪与识别

直接成本与特定的成本对象有明确的关联，这种关系为成本分析提供了一个稳固的基础。这种一对一的关系不仅简化了成本的追踪过程，还确保了成本数据的准确性。在一个复杂的生产环境中，能够明确知道哪些成本与哪些产品或服务相关，对于保持财务透明度和完整性至关重要。

2. 简化决策过程

直接成本为决策者提供了清晰、简洁的数据。这意味着企业依据直接成本分析法做决策时，不需要进行复杂的成本分析或估计。因为直接成本的数据已经为企业提供了所需的所有信息。

3. 强化成本控制

能够准确地追踪直接成本为企业提供了一个有效的成本控制机制。当直接成本超出预期或存在异常波动时，管理者可以立即识别并采取必要的纠正措施。这种迅速的响应能力是基于对直接成本准确追踪的能力。

4. 支持持续改进

通过持续追踪直接成本，企业可以识别哪些产品或服务的成本效率较高，以及哪些产品或服务需要进一步的改进。持续的监测和分析可以为企业提供深入了解其运营效率的机会，从而支持持续改进。

（二）直接成本分析法的分配

直接成本分析法在成本分配方面的特点是其明确性和简洁性。由于直接成本与特定的成本对象之间存在清晰、可识别的关系，这使其分配过程不仅直观，而且容易执行。此种分配过程避免了对成本进行复杂的分摊或重定向，从而确保了成本数据的准确性和可靠性。

在生产环境中，每个产品或服务通常都会产生与之相关的直接成本。这些成本，如原材料、直接劳动和其他可直接追溯的费用，都可以无缝地分配给相应的成本对象。这种分配方法的直接性意味着企业可以准确地确定每一单位产品或服务的实际成本，从而为决策制定提供有力的支持。这种明确的分配机制对于保持财务透明度、进行有效的成本控制和支持利润分析至关重要。直接成本的这种分配方法还为企业提供了一个有效的工具，即直接成本可用于评估和比较不同产品或服务的成本效率。通过明确地分配直接成本，企业可以更容易地识别哪些产品或服务的成本效率较高，以及哪些产品或服务需要进一步的改进。这为企业提供了

第六章　管理会计中的成本分析方法

一个持续改进和优化其产品组合的机会，以实现更高的盈利能力和竞争优势。

（三）间接成本分析法的追踪

间接成本的追踪在管理会计中常常是一大挑战。由于间接成本不与任何特定的成本对象直接相连，其在成本结构中的位置往往是模糊的。这种模糊性来源于间接成本的广泛性和多样性。考虑到某一特定部门可能服务于多个产品线或某一管理层可能支持多个不同的项目，确定这些成本如何分配至各个成本对象成了一项复杂的任务。

对于追踪间接成本，企业需要在其会计系统中建立特定的程序和方法，这样才能捕捉这些成本并将其分配到适当的成本中心。这通常涉及对各种成本的详细记录、分析和归因。例如，虽然某个部门的电费不能直接归因于某一特定产品，但可以基于该部门的工作小时数或生产量来合理分配这部分电费。对于间接成本的追踪，经常需要使用高级的计算方法和技术，如活动基础成本法，这样才能准确地捕捉和分配这些成本。这要求分析人员具备专业知识和技能，以确保成本数据的准确性和完整性。

（四）间接成本分析法的分配

分配间接成本在管理会计中是一项至关重要的任务，因为这些成本无法直接与特定的成本对象关联。为了实现精确和公平的分配，需要依赖适当的基准或驱动因子。基准或驱动因子的确定通常基于与成本对象相关的度量，从而确保了成本分配的逻辑性和一致性。

当间接成本主要与生产时间相关时，以工时作为分摊基础是合适的。这是因为工时能够反映出资源的使用情况，从而为间接成本提供一个较为公平的分配依据。在这种情境下，每个成本对象的间接成本将与其消耗的工时成正比。当间接成本与生产数量有更直接的关系时，以生产量作为分摊基础更为合适。例如，某些固定的管理开销或工厂租金可以根据每个产品的生产数量进行分摊，确保每个成本对象承担其公平份额的间接成本。选择合适的分摊基础并不是一个静态的过程。随着企业经营环境的变化和技术的进步，可能需要不时地重新评估和调整分摊基础，以确保其与实际的成本驱动因子相匹配。

三、决策影响

决策过程中的成本考量对企业的长期成功至关重要。理解成本的性质及其如何影响决策是企业有效运营的基础。直接成本与间接成本在决策中的影响各有其独特之处。

直接成本与特定的产品或服务有明确的关系，这使其在决策过程中尤为重要。例如，在制定产品的销售价格时，直接成本是主要的考虑因素。一个产品的直接成本可能包括原材料费用、直接劳动费用和其他与生产过程直接相关的费用。这些成本构成了产品的核心成本结构，为定价策略提供了基础。不仅如此，直接成本在利润分析中也起到关键作用。理解每个产品或服务的直接成本有助于企业确定其盈利能力，从而为未来的生产和销售策略提供指导。

间接成本虽然不能直接追溯到特定的成本对象，但在整体决策中仍然具有重要意义。这是因为间接成本涵盖了整个组织的运营成本，包括管理费用、租金、公用事业费用和其他非生产相关的费用。在决策中，尤其是在进行完整的成本和利润分析时，间接成本是不可或缺的。例如，企业在考虑是否应该推出新产品或进入新市场时，除直接成本外，还需要考虑到与该决策相关的间接成本。正确地分配和管理间接成本不仅可以确保企业对其完整的成本结构有准确的了解，而且有利于企业在各种决策场景中，如定价、预算制定和利润预测中，做出明智的选择。

第六章 管理会计中的成本分析方法

四、成本控制

在企业的运营过程中,成本控制始终是重要议题之一。通过有效的成本控制,企业能够确保其运营效率,从而实现盈利目标。直接成本与间接成本在成本控制策略中担任的角色及面临的挑战各有所异。

直接成本,由于其与特定的活动或产品有直接关联,其控制相对直观。这种成本可以通过具体的物料、人工或其他资源直接追溯到特定的成本对象。例如,制造某一产品所需的原材料或为提供某一服务而支付的工资都可以被准确地计算和追踪。这种明确性使企业能够对直接成本进行即时的监控和调整。当观察到某一成本超出预期时,企业可以迅速采取行动,例如调整采购策略、优化生产过程或重新评估定价策略。通过对直接成本的持续监控,企业可以识别潜在的效率提升领域,从而进一步降低成本。

间接成本的控制则较为复杂。由于间接成本通常不能直接与任何特定的产品或活动关联,它们的控制往往需要更为宏观的策略。间接成本涵盖了企业的广泛领域,如行政、销售和分销等。为了有效地控制间接成本,企业需要深入了解产品或服务整体的成本结构和运营模式。这可能涉及对不同部门或项目的开销进行分析,以确定可能的冗余或效率不足的领域。对间接成本的控制也可能需要采用更为复杂的成本分配系统,以确保各个部门或项目得到公平的资源分配。对间接成本的有效控制往往要求企业在战略层面进行思考,例如通过结构调整、流程优化或技术升级来实现成本节省。

第二节 变动成本和固定成本的区分与分析

对任一企业的运营来说,成本管理都是重要的内容之一。对成本结构的理解是进行成本管理的初始步骤,它有助于明确成本管理的重点所在。不同的行业的运营特性有所不同,其成本结构和管理焦点也存在明显差异。例如,在以原材料成本为主的行业中,降低原材料的采购价格及其耗用量是成本管理的核心;在以人工成本为主的行业中,降低人工成本是成本管理的主要任务;而在重资产行业中,折旧成本的管理则是重中之重。

为了深入解释如何降低成本,引入变动成本和固定成本的概念是必要的,这为分析成本提供了一种视角。变动成本是随业务活动水平变动而变动的成本,例如原材料费用和直接劳动费用;固定成本则不随业务活动水平的变动而变动,例如租金和折旧费用。图6-1展示了这种成本分类下的成本表现。

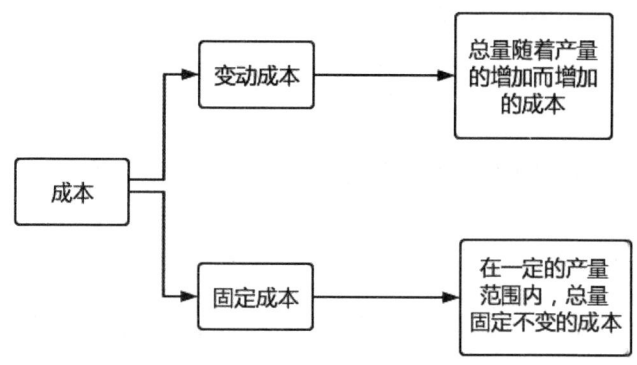

图6-1　固定成本与变动成本

在以原材料成本为主的行业中,企业可通过优化供应链管理,实现原材料采购成本的降低,并通过改进生产工艺,减少原材料的耗用量,进一步降低变动成本。对于以人工成本为主的行业,企业可通过提高劳动生产率、优化人力资源配置,以及采用自动化和数字化技术,来有效降低人工的成本。在重资产行业中,延长资产的使用寿命,提高资产的使用效率,或者采用更为先进、折旧率较低的设备,有助于企业降低折旧成本,进而降低固定成本。

成本的分类和分析,为企业的成本管理提供了理论基础和实践指导,有助于企业在不同的行业环境下，采取相应的成本管理策略，实现成本的优化和控制，进而提高企业的竞争力和盈利能力。持续而有效的成本分析和管理，能够使企业在日益激烈的市场竞争中保持其优势，实现可持续发展。

一、成本行为方面

变动成本和固定成本的区分，为理解企业的成本结构和成本管理提供了重要基础。在成本行为方面，变动成本与生产或销售量的变化存在正相关的关系，显示出明确的变动性。当生产或销售量增加时，总的变动成本会相应增加，体现了其与业务活动水平的直接关联。不过，单位变动成本的水平是保持恒定的，因为每单位产品的变动成本不会因生产或销售量的变化而发生改变。这种成本行为对于企业在制定定价策略和预算时具有重要的参考价值，使其能够更准确地预测企业在不同业务水平下的成本和利润水平。

与变动成本不同，固定成本的总额在一定范围内保持恒定，不会因生产或销售量的变化而变化。固定成本的这种特性，反映了其不随业务活动的波动而波动的稳定性。不过，单位固定成本的水平会随着生产或销售量的变化而变化。具体而言，当生产量增加时，单位固定成本会降低，因为固定成本被分摊到更多的单位产品上。这种成本行为对于企业在制定长期战略和投资决策时具有重要的意义，特别是在考虑扩大生产规模或增加固定资产投资时。通过理解固定成本行为，企业能够更好地评估不同决策方案对成本和利润的影响，从而做出更合理和有效的决策。

变动成本和固定成本的区别不仅仅体现在其成本行为上，也影响着企业的决策制定和成本管理策略。通过深入分析和理解这两类成本的特性和行为，企业能够更为准确和有效地进行成本分析和管理，这可以为实现成本优化、提高企业的竞争力和盈利能力提供重要的支持。对变动成本和固定成本的理解，也为企业在面对市场变化和竞争压力时，制定适应性强、效果良好的成本管理策略提供了重要的理论基础和实践指导。

二、决策影响方面

变动成本与固定成本的不同属性使它们在决策影响方面呈现出明显的差异性。

在短期决策中，变动成本通常是主要的考量因素，它直接关联到企业的运营活动和业务水平。例如，在考虑销售价格的决策时，变动成本的水平和变动趋势会对决策结果产生重要的影响。企业通过控制和降低变动成本，能够在保持或提高产品质量的同时降低产品成本，提高价格竞争力，从而实现销量和市场份额的增加。变动成本的控制也直接影响到企业的利润水平和盈利能力。在面对市场竞争和成本压力时，企业可以通过优化生产工艺、提高生产效率、降低原材料和直接劳动费用等方式，实现变动成本的降低，从而提高企业的经营效益和市场竞争力。

相对于变动成本，固定成本在长期决策中具有更为重要的影响。固定成本的长期性和稳定性使其成为企业长期战略规划和投资决策的重要考虑因素。在设备购买或生产能力决策中，固定成本的量级和变化通常是决策的重要依据。例如，企业在考虑增加固定资产投资以扩大生产规模时，固定成本的预测和控制往往成为决策的关键。固定成本的水平会直接影响到企业的资本投资回报率和长期财务健康。通过对固定成本的准确预测和有效控制，企业能够在保证资本的合理投入和运营效率的基础上实现长期战略目标和盈利目标。固定成本的管理也关系到企业的财务稳定和长期发展，具体而言，它涉及企业的固定资产投资、长期合同和财务结构等多方面的决策和管理。

对固定成本和变动成本的区分和理解，能够为企业的决策提供重要的理论基础和实践指导。在面对不同的市场环境和竞争压力时，企业需要根据产品或服务的成本结构和成本特性，制定相应的决策和成本管理措施,以实现成本的优化和控制,提高企业的经营效率和盈利能力。通过深入分析和理解变动成本和固定成本在不同决策场景中的影响和作用,企业能够更为准确和有效地进行决策,从而为企业的持续发展和市场竞争力的提高提供重要的支持。对变动成本和固定成本的深入理解和应用,也为企业在面对日益复杂和多变的市场环境时,提供了重要的决策支持和管理工具,有助于企业在激烈的市场竞争中保持其优势,实现可持续发展和长期成功。

三、预算与控制方面

在企业的运营管理过程中,预算与控制是两个至关重要的环节,它们对于企业的财务健康和长期发展具有深远的影响。变动成本和固定成本在预算与控制的过程中扮演着不同的角色,其不同的特性和行为模式对预算编制和成本控制带来了不同的挑战和要求。

变动成本的预测相对简单,需主要考虑的因素是其与生产或销售水平的直接关联。通过分析历史数据和预测未来的销售量,企业能够较为准确地预测未来的变动成本。例如,在制定销售预算时,企业可以根据过去的销售数据和市场预测,确定未来一段时间内的销售量,并据此预测相应的变动成本。这种直接的关联性为企业的预算编制和成本控制提供了较为明确和可靠的基础,使企业能够及时调整其销售策略和生产计划,以应对市场变化和实现成本控制的目标。

固定成本的预测和控制较为复杂。固定成本通常与企业的固定资产和长期合同相关,其稳定性和长期性使其成为企业长期财务规划和成本控制的重要组成部分。然而,由于固定成本不随业务活动的变化而变化,因此其预测和控制需要更为深入和细致的分析。例如,在制订长期投资计划时,企业需要深入分析未来的固定成本,包括设备的折旧费用、维修费用和其他与固定资产相关的费用,并据此确定投资的合理性和盈利预期。由于固定成本的长期合同和其他长期负担,企业需要定期评估其固定成本的水平,以确保其在预定的范围内,并通过合理的成本控制措施,如优化资产配置和降低运营费用,实现固定成本的优化和控制。

通过对固定成本的定期评估和监控,企业能够确保其成本控制在合理的范围内,为企业的持续运营和发展提供重要的支持。通过深入理解和分析变动成本和固定成本的特性,企业能够制定出更为合理和有效的预算和控制策略,促进成本的优化和盈利目标的实现。这不仅为企业的财务管理提供了重要的指导,而且为企业如何面对市场变化和竞争压力提供了重要的决策参考和指导,有助于企业实现长期的稳定发展和市场竞争力的提升。

第三节　成本分析在决策中的应用

成本分析对于管理会计而言是不可或缺的一部分,旨在深入探究成本的各个方面,为企业的决策制定过程提供有价值的输入。管理会计的核心目标是为组织内部的决策者提供关键的、时间性的信息,而成本分析为此提供了一个有效的工具和框架,使决策者能够更深入地理解和控制成本。

一、成本分析在投资决策中的应用

(一)可用于投资回报与成本效益分析

投资回报与成本效益分析是投资决策中的核心环节,涵盖了广泛的分析和评估,以确保投资能够带来预期的经济效益。在投资决策过程中,成本效益分析提供了一种系统化的方法——通过比较投资项目的总成本和总收益来评估项目的经济效益。

在进行成本效益分析时,对投资项目的直接成本、间接成本和运营成本的详细分析和预测是基础。直接成本通常包括原材料费用、直接劳动费用和其他与生产直接相关的费用,它们的变动通常与生产活动的规模和效率密切相关。间接成本则包括管理费用、销售和市场推广费用等,这些成本通常不会随着生产活动的变动而变动,但对投资项目的长期成功至关重要。运营成本包括日常运营和维护费用,其管理和控制对保证投资项目的稳定运行和长期盈利具有重要意义。除了成本分析,收益和效益的评估也是成本效益分析的重要组成部分。收益通常包括投资项目产生的销售收入、节省的成本和其他直接的经济效益。效益则包括品牌提升、市场占有率的增加和其他可能的间接效益。这些效益虽然可能难以量化,但对投资项目的长期成功和企业的战略目标实现具有重要意义。

成本效益分析通过系统化的方法,提供了一个评估投资项目经济效益和风险的框架。通过对投资项目的成本和收益的详细分析和比较,企业能够更为准确地评估投资项目的价值和潜在回报,从而做出更为合理和有效的投资决策。成本效益分析也为企业提供了一个理解和控制投资项目成本和收益的重要工具,有助于企业在面对不断变化的市场环境和竞争压力时,做出明智和有前瞻性的投资决策。

(二)可用于风险分析与管理

风险分析与管理是投资决策的重要组成部分,对投资项目可能面临的风险进行详细的分析和评估则是保证投资决策质量的基础。投资项目涉及的风险种类多样,包括市场风险、财务风险和运营风险等。在这个过程中,成本分析作为风险分析与管理的重要手段,对投资项目的财务稳定性、风险承受能力的评估具有重要价值。通过对投资项目的成本结构和成本变动性的深入分析,企业能够从成本的角度对项目的财务稳定性和风险承受能力进行准确评估。例如,通过对固定成本和变动成本的分析,企业能够确定投资项目的盈亏平衡点,即企业需要达到多少销售量或收入才能覆盖所有成本。盈亏平衡分析为企业提供了一个明确的目标,使企业能够了解在不同市场条件下,投资项目的财务表现和风险水平。

在风险管理方面，成本分析为企业制定风险管理策略提供了重要的信息和依据。通过对成本结构的分析，企业能够了解在不同的市场和运营条件下，成本的变动对投资项目的影响。例如，对变动成本的敏感度分析，可以帮助企业了解市场需求或原材料成本变化对投资项目的影响，从而制定出更为合理和有效的风险管理策略。在市场风险的评估方面，通过成本分析，企业能够了解投资项目在不同市场条件下的财务表现。例如，在市场需求下降或竞争加剧的情况下，投资项目的变动成本和固定成本的构成将直接影响项目的盈利能力和风险水平。在财务风险和运营风险的评估方面，成本分析也具有重要的价值。财务风险主要来源于投资项目的财务结构和资本成本，通过对投资项目的成本和资本结构的分析，企业能够了解项目的财务杠杆效应和财务风险水平。运营风险则主要来源于投资项目的运营管理和运营效率，通过对运营成本和运营效率的分析，企业能够了解投资项目的运营风险和改进潜力。

（三）可用于长期战略规划与投资决策分析

长期战略规划与投资决策是企业发展的重要因素。在制定长期战略规划时，对未来的投资需求和投资回报的准确预测和评估是关键。在这一过程中，成本分析成了衡量各种投资方案经济效益和市场竞争力的重要工具。

在未来的投资需求和投资回报的预测和评估过程中，成本分析能够为企业提供关于投资项目的财务表现和经济效益的重要信息。通过对未来的成本和收益的详细分析，企业能够了解投资项目的财务可行性和经济效益。例如，通过对未来的运营成本、资本成本和其他相关成本的分析，企业能够评估投资项目的财务表现和盈利潜力。

对不同投资方案的成本效益分析是实现企业长期发展目标和战略愿景的重要步骤。通过成本效益分析，企业能够比较不同投资方案的经济效益和市场竞争力，从而选择出最符合企业长期战略目标的投资方案。

例如，通过对不同投资方案的成本、收益和风险的分析，企业能够确定哪些投资方案能够为企业带来更高的经济效益和市场竞争力。

在选择投资方案时，成本分析能够为企业提供清晰的投资回报预期和风险评估。例如，通过对投资项目的成本结构和成本变动性的分析，企业能够评估投资项目的风险水平和风险管理需求。通过对投资项目的收益和效益的分析，企业能够了解投资项目的市场潜力和盈利潜力。

成本分析不仅仅是一种财务分析方法，更是企业制定长期战略规划和投资决策的重要工具。通过成本分析，企业能够更为准确地评估投资项目的经济效益和市场竞争力，从而制定出更为合理和可行的长期战略规划。这可以为企业在激烈的市场竞争中保持其竞争优势和发展活力提供重要的支持。同时，成本分析为企业提供了清晰的投资回报预期和风险评估，有助于企业做出更为明智和合理的投资决策。

二、成本分析在生产和运营决策中的应用

（一）可用于确定最佳生产水平

在制定生产和运营决策时，成本分析的重要性不容忽视，它是企业确定最佳生产水平的关键工具。通过深入剖析固定成本和变动成本，企业能够透彻理解在不同生产水平下的成本结构和成本变动性。例如，在详细计算不同生产水平下的单位成本和总成本后，企业能够识别能实现最低单位成本的生产水平。通过对成本和收益的边际分析，企业可确定能够实现最大利润的生产水平。

在这一决策过程中，多方面因素的综合考量是不可或缺的，包括市场需求、生产能力和供应链管理等。市场需求的准确预测是保证生产决策符合市场实际情况的基础。生产能力的合理评估可确保企业在资源充足的情况下实现生产目标。而有效的供应链管理则能降低生产过程中的未预见成本和风险，从而提高生产决策的准确性和有效性。

通过成本分析，企业能够在复杂多变的市场环境中做出更为明智和合理的生产决策。例如，通过对不同生产水平下的成本和收益的综合分析，企业能够在多种可能的生产方案中选择出最为经济有效的方案。成本分析也能够为企业提供有关生产风险和市场响应能力的重要信息，从而帮助企业制定出更为合理和有效的生产策略。

（二）可用于确定采购策略决策

采购是企业运营管理的重要内容之一。采购策略的目标是在确保供应链的稳定和灵活的基础上实现成本的最小化和效率的最大化。在这方面，成本分析为企业提供了重要的决策支持和信息基础。通过深入分析原材料成本、物流成本和供应链管理成本，企业能够洞察采购过程中的成本构成和成本变动性，从而制定出更为合理和有效的采购策略。例如，通过对不同供应商的成本和服务水平的分析，企业能够识别出具有成本效益的供应商，从而在保证供应稳定和质量的基础上，实现采购成本的优化。通过对库存成本的分析，企业能够确定最佳的订货量和库存水平，以实现采购成本和库存成本的最小化。

在这个过程中，供应链的稳定性和灵活性是需要重点考虑的因素。供应链的稳定性能够保证企业的生产和运营不会因供应中断而受影响，供应链的灵活性则能够帮助企业快速响应市场变化和企业需求的变化。成本分析应当包括对供应链稳定性和灵活性的评估，以确保采购策略的合理性和有效性。

成本分析在采购策略决策中的应用不仅仅是一种财务分析方法，更是企业优化资源配置、提高采购效率和实现战略目标的重要工具。通过准确而详细的成本分析，企业能够更为明智和有效地做出采购策略决策，实现采购成本的优化和供应链效率的提升。成本分析也为企业提供了清晰的经济效益预期和风险评估，有助于企业做出更为明智和合理的采购策略决策，以保持其在激烈的市场竞争中的竞争优势和发展活力。

(三) 可用于支持运营模式选择

在面临多种运营模式选择时,成本分析为企业提供了重要的决策支持。运营模式的选择直接影响企业的成本结构和市场竞争力。例如,当企业面临是否外包某些活动或更改生产策略的决策时,通过对内部生产和外包生产的成本结构的深入分析,企业能够清晰地了解不同运营模式的成本优势和劣势。这包括对固定成本和变动成本的细致比较,以及对不同运营模式下的生产效率和市场响应能力的评估。例如,通过比较内部生产的固定成本和变动成本与外包生产的成本,企业能够识别哪种运营模式更能实现成本最小化和效率最大化。内部生产可能具有更高的固定成本但更低的变动成本,而外包生产可能具有较低的固定成本但更高的变动成本。通过对这些成本的详细分析,企业能够评估不同运营模式的成本效益,并根据企业的长期战略目标和市场定位来做出合适的运营模式选择。

成本分析还能为企业提供关于运营风险和市场响应能力的重要信息。不同的运营模式一般具有不同的风险水平和市场响应能力。例如,外包生产可能降低固定成本和运营风险,同时可能影响市场响应能力和产品质量。而内部生产一般具有更高的市场响应能力和产品质量控制,但可能带来更高的固定成本和运营风险。通过对这些因素的综合分析,企业能够制定出更为合理和有效的运营策略,以确保企业能够在激烈的市场竞争中保持竞争优势和实现长期发展目标。

成本分析不仅仅是一种财务分析工具,更是企业运营模式选择和运营策略制定的重要依据。通过准确而详细的成本分析,企业能够更为明智和有效地做出运营模式选择和运营策略制定的决策,实现企业资源的优化配置和运营效率的提升,从而在激烈的市场竞争中保持其竞争优势和发展活力。成本分析也为企业提供了清晰的运营风险和市场响应能力的评估,有助于企业做出更为明智和合理的运营模式选择和运营策略制定的决策。

三、成本分析在定价策略中的应用

（一）成本分析在成本导向的定价策略中的应用

成本导向的定价策略是一种基于成本的定价方法，其核心思想是确保销售价格能够覆盖产品或服务的所有成本，并且能够实现预定的利润率。在这种定价策略中，成本分析成为基础和核心的工作，它为定价提供了数据支持和理论基础。

1. 确立成本基础

在成本导向的定价策略中，企业首先需要清晰地了解其产品或服务的成本结构。这包括直接成本如原材料成本、生产劳动成本，以及间接成本如管理成本、销售和分销成本。通过对这些成本的深入分析和计算，企业能够准确地了解单位产品或服务的总成本，从而获得定价决策的重要基础。

2. 确定销售价格

在了解清楚成本结构后，企业可以根据期望的利润率来确定产品或服务的销售价格。这个价格应该能够覆盖所有的成本，并且能够为企业带来预期的利润。这种方式确保了企业能够保持盈利，从而保障了企业的财务健康和持续发展。

3. 识别成本节约机会

成本分析不仅能够帮助企业确定销售价格，还能够帮助企业识别可能的成本节约机会。通过对成本的细致分析，企业可能会发现一些不必要的成本或者过高的成本，从而有机会通过优化生产过程、采购策略或者运营管理来降低成本。降低成本不仅能够增加企业的利润空间，还能够提高定价的灵活性，使企业在面对市场竞争时具有更强的竞争力。

4. 提高市场竞争力

通过成本导向的定价策略,企业能够确保其价格具有竞争力。特别是在对价格敏感的市场群体中,消费者会非常关注产品的价格。通过准确的成本分析和合理的定价,企业能够提供具有竞争力的价格,从而吸引更多的消费者,增加市场份额。

5. 支持长期战略规划

成本导向的定价策略还能够支持企业的长期战略规划。通过明晰的成本结构和稳定的定价策略,企业能够更好地进行长期的财务规划和战略规划,这有利于使企业在长期发展过程中保持财务稳定和持续盈利。

(二)成本分析在价值导向的定价策略中的应用

价值导向的定价策略致力于通过理解和沟通产品或服务的价值来设定价格,而非仅仅依赖成本信息。然而,成本分析在此过程中仍然扮演着不可忽视的角色。透彻理解产品或服务的成本结构,有助于企业评估其价值定位的合理性,使企业能够在强调其价值的同时保持盈利。在价值导向的定价策略中,企业致力于理解消费者对产品或服务的价值认知,并努力将这种价值认知转化为愿意支付的价格。价值通常是相对的,它依赖于产品或服务为消费者解决了什么问题,或者带给消费者什么样的好处。在这个过程中,成本分析可以帮助企业更好地理解其产品或服务的价值定位,并为产品或服务的定价提供必要的背景信息。

对成本的深入理解可以帮助企业确保其价值定位的合理性和可持续性。例如,如果成本分析显示生产成本较高,而消费者对产品的价值认知较低,那么企业可能需要重新考虑其定价策略或寻求降低成本的方法。如果消费者对产品的价值认知较高,而成本分析显示生产成本较低,企业可能有机会通过价值导向的定价策略实现更高的利润率。通过对成本和价值的综合分析,企业能够更好地理解市场需求,制定出能够满足市场需求并实现利润目标的定价策略。例如，企业发现，尽管生产成本较低，但是由于其产品的独特功能及品牌效应，消费者仍然愿意支付较高的价格。在这种情况下，企业可以依据成本选择成本导向的定价策略（价格低），也可以依据产品的独特功能及品牌效应选择价值导向的定价策略（价格高）。企业可基于实际情况及自身追求灵活选择。

成本分析不仅仅是价值导向定价策略的基础，更为企业提供了一个重要的参考框架，帮助企业在强调价值的同时实现盈利。通过深入分析成本结构，企业能够更好地理解产品或服务的价值定位，制定出能够满足消费者需求并实现企业利润目标的定价策略。这种基于对成本和价值深入理解的价值导向定价策略，不仅可以帮助企业实现其利润目标，还可以帮助企业在竞争激烈的市场环境中保持其市场地位和竞争优势。在这种定价策略中，成本分析与价值评估相辅相成，共同为企业的定价决策提供了科学、合理的依据。

（三）成本分析在竞争导向的定价策略中的应用

竞争导向的定价策略注重于在竞争激烈的市场环境中，通过对竞争对手的价格水平的分析和响应，来制定企业的定价策略。在这个过程中，成本分析是企业制定定价策略的重要依据，它能够帮助企业了解在满足市场竞争需求的同时能够实现多少的利润空间。

在一个竞争激烈的市场环境中，消费者对价格非常敏感，而竞争对手的价格水平往往会成为市场价格的重要参考。因此，企业在制定定价策略时，通常会考虑竞争对手的价格水平，并在此基础上设定自己的价格。这样做的目的是保证企业的产品或服务在价格上具有竞争力，从而能够在竞争激烈的市场中占得一席之地。仅仅依赖竞争对手的价格水平来制定定价策略是不够的，企业还需要了解自己的成本结构，以确保在满足市场竞争需求的同时能够实现盈利。通过对成本的准确分析，企业能够了解在不同的价格水平下分别能够实现多少的利润，从而制定出最佳的定价策略。

成本分析可以帮助企业更好地实现在满足市场竞争需求的同时能够盈利。例如，如果成本分析显示，企业的成本相对较低，那么企业可能有更大的价格下调空间，以实现与竞争对手的价格竞争。相反，如果成本分析显示，企业的成本相对较高，那么企业可能需要考虑如何通过提高效率和降低成本，来实现与竞争对手的价格竞争。通过对成本和市场竞争条件的综合分析，企业能够制定出能够满足市场需求、实现盈利目标并保持竞争力的定价策略。在这个过程中，成本分析能够为企业提供重要的信息和依据，帮助企业在竞争激烈的市场环境中制定出合理且有效的定价策略。

竞争导向的定价策略强调市场竞争条件对定价的影响，而成本分析为企业提供了明晰的成本结构和利润空间，这样，企业能够在保证盈利的同时实现与竞争对手的价格竞争。成本分析与市场竞争分析相结合，可以为企业的定价决策提供科学、合理的依据，帮助企业在竞争激烈的市场环境中实现盈利和发展。

四、成本分析在成本控制和优化中的应用

（一）识别成本节约机会

成本分析在企业管理中占据重要地位，为企业识别成本节约机会提供了有力工具。通过深入剖析不同成本元素，如原材料费用、直接劳动费用和固定成本，企业能够透彻理解其成本结构，进而识别并修正浪费和效率低下的环节。举例来说，通过细致分析原材料的使用率和采购成本，企业或发现不合理的采购策略或生产流程中的浪费。针对这些问题，企业可采取相应的措施，如更换供应商、优化采购策略或改进生产流程，以实现成本的节约。

成本分析可以帮助企业识别效率低下的运营环节，例如人工成本过

高或生产设备效率低下。在识别了这些问题后,企业可采取相应的措施提高运营效率和降低成本,例如通过技术创新和设备升级来提高生产效率,或通过优化人力资源配置来降低人工成本。这样的分析和改进不仅有助于企业降低成本、提高效率,而且为企业的持续发展和市场竞争力提升奠定了坚实的基础。持续的成本分析和改进,能够使企业在日益激烈的市场竞争中保持其竞争优势,为企业的长期发展提供有力的支持。

(二)提高运营效率

持续的成本分析可以帮助企业解锁提高运营效率的路径。通过深入剖析不同运营环节的成本构成,企业得以洞察各环节的成本效率,进而识别潜在问题和改进空间。例如,在对生产流程进行成本分析时,企业可能会发现存在的生产瓶颈或低效的生产环节,此时就可以采取相应措施,如流程重构或技术升级,以优化生产流程,进一步提升生产效率。

成本分析可以帮助企业优化资源配置,即通过理性的资源分配和运营策略,实现运营成本的降低和运营效率的提升。例如,企业或通过成本分析发现资源使用的过度或不足,进而调整资源配置,确保资源的合理利用。此外,成本分析能助力企业在宏观和微观层面上做出更为明智的决策,如确定更为经济有效的供应链管理策略或优化存货管理,从而在维持或提升服务质量的同时,实现运营效率的显著提高。通过这种方式,成本分析成了推动企业持续改进和提高运营效率的重要工具,为企业在复杂多变的市场环境中保持竞争力提供了有力支持。

(三)制定和监控预算

成本分析可以为制定和监控预算提供精确的数据支持和深刻的洞察。通过深入挖掘历史成本数据,企业可预测未来时期的成本趋势,从而制定出更为合理和准确的预算,为未来的运营和决策提供可靠的参考基础。这种预算制定过程不仅能够帮助企业明确成本控制的目标,还能为各个业务部门提供清晰的财务指导和执行方向。

在预算执行阶段，成本分析的重要性更为突出。它能够帮助企业实时监控实际成本与预算之间的偏差，及时发现可能存在的问题，并采取相应的纠正措施。例如，若实际成本超出预算，成本分析能够协助企业迅速识别成本超支的原因（市场价格波动、操作失误等）。随后，企业可据此采取针对性的措施（如调整采购策略、优化生产流程、改进运营管理）来控制成本，以确保企业的财务健康和运营效率。通过持续的成本分析和监控，企业能够在保持财务稳健的同时，不断优化预算执行，从而在激烈的市场竞争中保持有利的竞争优势。

第七章　成本预算与成本控制

第一节　成本预算在成本控制中的作用

成本预算在成本控制中扮演着至关重要的角色，它不仅为企业提供了一个明确的成本目标，还为成本的监督和管理提供了一种有效的工具。

一、提供明确的成本目标

（一）提供方向指导和评估依据

成本预算是企业管理的重要工具，它涵盖了企业未来一段时期内的预期成本和收入。通过制定成本预算，企业能够设定明确的成本目标，从而为企业的成本控制工作提供清晰的方向。明确的成本目标是企业进行成本控制的基础，它能帮助企业更好地理解其财务状况，同时为企业如何实现目标提供了指导。成本预算的制定通常基于企业的历史成本数据和未来的业务预测。通过分析历史数据和未来的业务趋势，企业可以确定一个实际可行的成本目标。这个目标应该是明确、具体和可衡量的，从而使企业清楚地了解为了实现这个目标需要做什么。明确的成本目标不仅为企业的成本控制提供了方向,还为企业的各个部门和员工提供了明确的指导,使他们明白为了实现企业的成本控制目标,他们应该如何进行日常的工作。

明确的成本目标也为企业的管理层提供了一个评估企业财务状况和成本控制效果的重要依据。通过与成本预算进行比较,企业可以发现实际成本与预算成本之间的差异,并分析产生这些差异的原因。这种分析能帮助企业及时发现和解决成本控制方面的问题,从而确保企业的财务状况保持健康。

(二)促进资源优化与成本效益提升

成本预算是企业管理和控制资源的有效手段之一。明确的成本目标能够助力企业实现资源的优化分配和利用,从而提高成本效益。明确的成本目标为企业提供了一个清晰的资源配置框架,使企业能够根据预算目标对资源进行合理的分配和调整。这不仅有助于企业避免资源的浪费,还能为企业实现成本效益的提升提供有力的支持。

明确的成本目标能够帮助企业更加清楚地了解其资源配置的状况。通过对成本预算的持续监控和分析,企业能够及时发现资源配置中的问题,从而采取有效的措施对资源配置进行调整和优化。例如,企业可以通过成本预算发现某些项目的成本超出预算,从而及时调整资源配置,避免资源的浪费。通过对预算成本和实际成本的比较,企业能够尽力使每笔投资都能够带来预期的回报,从而提高企业的投资效率和盈利能力。

明确的成本目标还为企业提供了一个长期的资源优化和成本控制的方向。在面对市场和经营环境的变化时,明确的成本目标能够为企业提供一个稳定的参考框架,使企业能够根据实际情况调整资源配置和成本控制策略,从而实现资源优化和成本效益的提升。通过持续的资源优化和成本控制,企业不仅能够降低运营成本、提高经营效率,还能够获得长期发展的竞争优势。

（三）监控风险

成本预算在企业的风险管理和预警机制中起到了重要作用。通过明确的成本目标，企业能够有效地监控和比较实际成本与预算成本，及时发现和应对可能存在的财务风险，从而避免或减轻对企业运营的负面影响。

明确的成本目标为企业提供了一个清晰而具体的财务管理框架。在这个框架下，企业能够实时监控和分析各项成本的变化，及时发现存在的财务风险。例如，如果某个项目的实际成本远高于预算成本，企业便能够及时发现这个问题，分析产生成本超支的原因，并采取有效的措施来控制成本，避免进一步的财务风险。

明确的成本目标也为企业的管理层提供了一个重要的决策支持工具。通过对成本的预测和监控，企业的管理层能够更加明智和及时地做出决策，从而避免或减轻财务风险对企业运营的负面影响。通过定期的成本预算分析和评估，企业能够及时发现可能存在的财务风险，并在风险发生前采取预防措施。例如，企业可以通过成本预算发现某些成本的异常变化，从而及时采取措施来控制成本，避免财务风险的发生。

明确的成本目标也为企业的长期风险管理提供了有力的支持。通过持续的成本监控和分析，企业能够不断完善其成本控制和风险管理机制，这有利于实现企业的长期稳定和发展。

（四）支持决策制定和策略调整

在成本预算的制定过程中，企业能够基于实际的数据和分析对未来的成本进行预测和规划。这种预测和规划不仅为企业提供了一个清晰的财务管理框架，还为企业的决策制定提供了重要的数据支持。例如，企业可以通过成本预算的结果了解其成本结构和成本控制的效果，获得决策制定的数据依据。

明确的成本目标也为企业提供了明晰的成本控制指标，使企业能够更好地理解自身的财务状况，从而做出更为明智和合理的决策。

明确的成本目标还为企业的策略调整提供了有力的支持。通过对成本预算的持续监控和分析，企业能够及时发现可能存在的问题，并根据成本预算的结果及时调整其运营策略和财务计划。例如，如果企业发现某个项目的实际成本远高于预算成本，那么企业可以及时调整其资源配置和运营策略，以确保企业的长期稳定和发展。

明确的成本目标也为企业的长期发展策略提供了重要的参考。对成本的预测和规划，能够使企业更好地理解自身成本控制的需求和想要达成的效果，从而为企业的长期发展和策略调整提供有力的支持。

二、提供成本控制的基准

（一）担任评估与监控角色

成本预算在企业运营中担任着关键的评估与监控角色，为企业的成本控制提供了明确而实际的基准。设定明确的成本目标和预算使企业有能力对实际发生的成本进行持续的监控和评估。这种监控和评估不仅涵盖了企业的各项运营成本，还包括企业的投资和财务状况。通过这种持续的评估和监控，企业能够深入了解自身的成本结构和财务状况，获得成本控制和决策制定的重要数据支持。

将实际成本与预算成本进行比较是评估和监控的核心环节。这种比较能帮助企业及时发现成本超支或低于预期的情况。例如，如果某个项目的实际成本高于预算成本，企业便能够及时发现这种超支情况，并分析超支的原因，从而采取有效的措施来控制成本，避免进一步的财务风险。如果实际成本低于预算成本，企业也能够及时发现这种情况，并分析成本节约的原因，以便在未来的运营中继续保持成本的控制。通过这种实时的比较和分析，企业不仅能够及时发现和处理成本控制方面的问题，还能够不断优化其成本控制策略和运营管理，从而实现企业的长期稳定和发展。这种比较还为企业的外部沟通和投资者关系管理提供了重要的支持，使企业能够向外部投资者和利益相关方展示其良好的财务状况和成本控制能力，从而增强外部投资者和利益相关方对企业的信任和支持。

（二）帮助企业调整与优化成本

成本预算有助于企业的策略调整与优化，它为企业提供了明确和实际的成本控制基准。当企业发现实际成本与预算成本存在差异时，成本预算能够为企业提供重要的参考依据，帮助企业分析成本差异的原因，从而采取相应的措施进行调整和优化。通过这种调整与优化，企业能够更好地控制成本、提高运营效率，从而为企业的长期稳定和发展提供有力支持。

如果实际成本高于预算成本，企业需要及时分析超支的原因，并根据成本预算的结果调整资源配置和运营流程。例如，企业可以通过优化采购流程来降低采购成本，或者通过调整生产排程、提高生产效率来降低生产成本。企业也可以通过调整销售策略和定价策略来提高销售收入，从而降低成本超支的影响。这种调整与优化，不仅能够使企业降低成本、提高盈利能力，还能够为企业的长期发展提供有力的支持。如果实际成本低于预算成本，企业则需要分析成本节约的原因，并根据成本预算的结果调整其运营策略和财务计划，以便在未来的运营中继续保持成本的控制。例如，企业可以通过分析成本节约的原因，找出节约成本的有效方法和技术，并将这些方法和技术应用到未来的运营中，以实现持续的成本控制和优化。企业也可以通过分析成本节约的原因，发现其他地方存在的运营效率问题和改进空间，从而进一步提升企业的运营效率。

（三）为企业提供决策支持

成本预算在企业的决策支持中扮演着不可忽视的角色，它为企业的管理层提供了一个实用的工具，可以帮助他们更好地理解企业的财务状况，并基于此做出明智和合理的决策。通过对成本的预测和监控，企业能够及时了解到成本的变动情况和可能存在的财务风险，获得决策制定的重要数据支持。明确的目标成本和预算成本的比较，为企业的策略调整和决策制定提供了一个明确而实际的基准，有利于企业基于实际的数据和分析做出明智和合理的决策。

在日常运营中，企业需要面对各种复杂的决策问题，包括投资决策、运营决策和财务决策等。成本预算为这些决策提供了重要的数据支持。例如，在投资决策中，企业可以通过成本预算对投资项目的成本和收益进行预测和评估，从而获得投资决策的有力数据支持。在运营决策中，企业可以通过成本预算对运营成本和运营效率进行评估，从而获得运营决策的参考数据。在财务决策中，企业可以通过成本预算对财务状况进行评估和预测，从而获得财务决策的重要数据支持。明确的目标成本和预算成本的比较，也为企业的策略调整提供了有力的支持。通过对成本预算的持续监控和分析，企业能够及时发现可能存在的财务问题，并根据成本预算的结果及时调整其运营策略和财务计划，以确保企业的长期稳定运行和良好发展。

（四）提高透明度与责任

成本预算在提高企业财务透明度和责任方面发挥着重要的作用。明确的成本目标和预算能够使企业的各个部门和员工清晰地了解到自己在成本控制方面的责任和目标。这种明确性不仅有助于提高员工的成本意识和责任心，还为企业的成本控制和资源优化提供了有力的支持。当每个部门和员工都能清晰地了解到自己的成本控制目标时，他们就会在日常工作中注重成本的控制和优化。通过对成本预算的实时监控和分析，企业能够及时了解到各个部门和项目的成本控制情况，从而可以及时进行资源调整和优化。

成本预算的公开和透明也为企业内部的沟通和协调提供了有力的支持。通过公开的成本预算，企业的各个部门和员工能够了解到企业的财务状况和成本控制目标，这有利于企业内部的沟通和协调。同时，公开的成本预算为企业的外部沟通和投资者关系管理提供了有力的支持。企业良好的财务状况和成本控制能力可以增强外部投资者和利益相关方对企业的信任和支持；反之，企业不甚理想的财务状况会引起外部投资者和利益相关方对企业的怀疑和担忧。

三、激发责任意识，促进内部交流

（一）增强员工的责任心和参与感

成本预算是企业财务管理的重要组成部分，通常需要企业各个层级和部门的参与。让员工参与到成本预算的制定过程中，既可以充分利用企业内部的知识和经验，也能够增强员工的责任心和参与感。这样一来，员工能更好地理解企业的财务目标和成本控制要求，在日常工作中更加注重成本的控制和优化。

通过参与式制定成本预算，企业能够充分发挥内部资源的优势，使成本预算更为符合企业的实际情况和需求。员工能够通过参与成本预算的制定，更好地理解企业的财务目标和成本控制要求，以及成本预算的重要性和意义。例如，销售部门和生产部门的员工能够通过参与成本预算的制定，更好地理解企业的销售目标和生产成本控制要求，在日常工作中更加注重成本的控制和优化。

参与式制定成本预算也能够增强员工的责任心和参与感。通过参与式制定成本预算，员工能够明白自己在企业的成本控制和资源优化中的责任和重要作用，在日常工作中更加注重成本的控制和优化。他们能够明白自己的努力对企业的成本控制和长期发展有着重要意义，从而更加愿意为企业的成本控制和资源优化做出努力。例如，生产部门的员工能够通过参与成本预算的制定，更好地理解生产成本控制的重要性，从而在日常工作中更加注重生产效率的提高和成本的控制。销售部门的员工也能够通过参与成本预算的制定，更好地理解企业的销售目标和成本控制要求，从而在日常工作中更加注重销售效率的提高和成本的控制。

（二）明确责任

成本预算的制定是企业财务管理的重要环节。通过明确的成本目标和预算，企业能够为每个部门和员工设定明确的成本控制目标和要求。这种明确的责任划分，不仅能够为企业的成本控制和资源优化提供有力的支持，还为员工提供了明确而实际的成本控制目标，使他们能够在日常工作中更加注重成本的控制和优化。

明确的成本控制责任能够增强员工的责任心和参与感。员工能够清晰地了解到自己的成本控制目标和要求，从而在日常工作中更加注重成本的控制和优化。同时，明确的成本控制责任能够为企业内部的沟通和协调提供有力的支持，使企业形成一种全员参与的成本控制文化，为企业的成本控制和资源优化提供有力的支持。

明确的成本控制责任也能够为企业的外部沟通和投资者关系管理提供有力的支持。通过明确的成本预算和成本控制责任，企业能够向外部投资者和利益相关方展示其良好的财务状况和成本控制能力，增强外部投资者和利益相关方对企业的信任和支持。

明确的责任划分和成本控制责任不仅能够为企业的成本控制和资源优化提供有力的支持，还能够为企业的长期发展和战略调整提供重要的参考，使企业能够在面对市场和经营环境的变化时，保持良好的财务状况和运营稳定，实现企业的长期稳定和发展。

(三)利于沟通与协调

成本预算的制定和执行过程中的沟通与协调是实现企业成本控制目标的重要环节。在这个过程中，企业的各个部门和员工需要通过充分的沟通和协调，共同理解和执行成本预算，形成一种全员参与的成本控制文化。这种文化不仅能够为企业的成本控制和资源优化提供有力的支持，还能够使员工在日常工作中更加注重成本的控制和优化，从而提高企业的整体成本管理水平。

充分的沟通和协调能够帮助员工更好地理解企业的财务目标和成本控制要求，增强他们的责任心和参与感。同时，沟通与协调能够为企业内部的合作和协同提供有力的支持。通过充分的沟通和协调，企业的各个部门和员工能够形成一种共同的成本控制目标和要求，为企业的成本控制和资源优化提供有力的支持。企业的各个部门和员工能够通过充分的沟通和协调，共同理解和执行成本预算，从而实现企业的成本控制目标，提高企业的整体成本管理水平。

(四)利于持续改进

成本预算的制定和执行是企业持续优化成本控制策略和运营管理的重要手段。通过成本预算的制定和执行，企业可以清晰地了解其成本结构和成本控制状况，获得成本控制和资源优化的数据支持。成本预算的制定和执行也为员工提供了实际而明确的成本控制目标，使他们能够在日常工作中更加注重成本的控制和优化，从而提高企业的整体成本管理水平。

员工能够通过参与成本预算的制定和执行，不断学习和改进，从而提高自己的成本控制能力和运营效率。他们能够通过参与成本预算的制定和执行，更好地理解企业的财务目标和成本控制要求，在日常工作中更加注重成本的控制和优化。

企业也能够通过对成本预算的持续监控和分析,及时发现可能存在的问题,及时进行成本控制和资源优化。例如,企业可以通过对成本预算的持续监控和分析,及时发现可能存在的生产成本过高或销售成本过高的问题,从而采取相应的措施进行调整和优化,以降低成本、提高效率。

第二节 成本预算的编制方法

成本预算的编制方法,包括固定预算法、弹性预算法、零基预算法、滚动预算法、概率预算法等。[①]

一、固定预算法

固定预算法,即静态预算,是基于一定预测期内业务水平保持不变的前提下制定的。这意味着在制定预算时,不考虑可能发生的生产和经营活动的任何变动,例如销售量、生产量或其他相关因素的波动。

固定预算的主要特点是它是基于一个单一的预期业务水平来制定的。这意味着,无论实际的业务水平如何,预算都保持不变。这可以为管理层提供一个明确、稳定的目标,使他们专注于实现预定的目标。然而,固定预算的这种刚性也是其主要的局限性。它不考虑业务环境中的变化,这可能导致预算与实际情况之间存在差异,且这种差异可能很大。

对于业务水平较为稳定的企业或非营利组织,固定预算是一个很好的工具。由于这些组织的业务活动较为稳定,预期的业务水平与实际的业务水平之间的差异通常较小,因此,固定预算可以为这些组织提供一个有效的管理和控制工具。对于业务水平经常变动的企业,固定预算并不是一个合适的工具。这是因为,这种预算不能反映业务环境中的变化,

---
① 杨蓉.公司成本管理[M].上海:上海财经大学出版社,2009:134.

从而导致预算与实际情况之间存在较大的差异，而如果这些差异没有得到妥善的管理和解释，则可能会误导决策者，导致不恰当的决策。

二、弹性预算法

弹性预算法是一种适应不同业务水平变化的预算方法。它与固定预算法在本质上存在差异，因为弹性预算法可以调整预算以适应实际的业务水平，而固定预算法则保持不变。

弹性预算法的主要特点是其能够随着业务水平的变化而调整预算。这是因为，它将成本分为固定成本和变动成本两大部分，这种分类使预算可以灵活地应对业务活动的波动，从而为企业提供更准确的成本信息。

变动成本是与业务量直接相关的成本。当业务量增加时，变动成本也会相应地增加，反之亦然。因此，通过控制单位业务量的变动成本，企业可以更好地管理其总体成本。这使弹性预算法成为一个非常有效的工具，特别是在业务环境经常发生变化的情况下。固定成本，与其名称相反，不随业务量的变化而变化。这意味着，无论业务量如何，固定成本都保持不变。因此，固定成本的控制重点在于其总额，而不是与业务量的关系。

由于弹性预算法可以根据实际的业务水平进行预算调整，因此它为企业提供了一个更为准确的成本预测和控制工具。这对于那些业务环境经常发生变化的企业尤其重要，因为这种预算方法可以帮助它们更好地应对不确定性。成本的弹性预算方式如下：

成本的弹性预算 = 固定成本预算数 + $\sum$（单位变动成本预算数 × 预计业务量）

（式7-1）

例如，如某企业20××年×月预计生产甲种产品1000件，实际生产1100件。该月固定预算成本和实际成本比较如表7-1所示。

表7-1　某企业20××年×月固定预算成本和实际成本的比较

单位：元

生产量		固定预算	实际	差异
		1000件	1100件	+100件
成本项目	直接材料	10000	10800	+800
	直接人工	2000	2250	+250
	制造费用	6000	6350	+350
合计		18000	19400	+1400

该月弹性预算成本与实际成本比较如表7-2所示。

表7-2　某企业20××年×月弹性预算成本与实际成本的比较

单位：元

生产量	弹性预算			实际	差异
	—	1000件	1100件	1100件	
成本项目	单位成本	总成本	总成本	总成本	
直接材料	10	10000	11000	10800	−200
直接人工	2	2000	2200	2250	+50
制造费用	2.4	2400	2640	2540	−100
小计	14.4	14400	15840	15590	−250
固定制造费用	3.6	3600	3600	3810	+210
合计	18	18000	19440	19400	−40

从上述例子可知，将实际成本与固定预算进行对照时，企业存在1400元的超支情况。然而，鉴于生产量的增长，评估企业真实绩效显得困难。而当用实际成本与弹性预算进行对照时，得出的结论大相径庭。在各个成本项目中，既有节省之处，也有超出的部分，但总体上看，成本是有所节约的。这说明，与固定预算相比，弹性预算能更准确地揭示

企业的实际绩效表现。

对于那些既具有变动性又具有固定性的成本，可以通过特定方法将其拆分为变动和固定两个部分。或者，根据其与业务量之间的联系，确定在每个业务水平上应当发生的该类成本。

弹性预算的益处明显。它不仅能够应对各种经营活动的变动，拓宽预算的应用范围，充分地实现预算的控制功能，还减少了因实际情况变动而频繁调整预算的需求。此外，弹性预算确保了对实际执行情况的评估和考核建立在一个更为客观和可比较的基准上。

三、零基预算法

零基预算法在 1970 年由彼得·派尔（Peter Pyhrr）在编制美国得克萨斯工具公司的费用预算时首次提出。此后，该预算方法在美国得到了广泛的推广和应用，尤其是在卡特（Carter）担任美国总统期间，卡特对联邦政府下达了全面实施零基预算的指示，使该方法在当时的美国引起了广泛关注。

零基预算，亦称零底预算，其核心思想是在编制预算时，所有的预算支出均以零为起点，不受之前预算情况的约束，而是进行全面、深入的审查和分析，确定每一项支出是否必要以及合理。这种方法的目的是确保每一项预算支出都经过严格的审查，以确保资源的合理分配和使用。与此相对照，传统的预算方法通常是基于上一期的预算执行结果，结合新的预算期情况进行适当的调整。这种方法的优点是操作简便，但其缺点也十分明显：它通常基于历史数据，因此可能导致不合理的支出得以延续，或者因为对历史数据的依赖而忽视新的机会和挑战。

零基预算的出现是对传统预算方法的一次重要改革。它要求企业对所有业务项目的人力、物力和财力需求进行详细的估算，并对其经济效益进行说明。这样，预算经费的分配就可以基于每个项目的实际需求和经济效益，而不是简单地基于历史数据。这种预算方法鼓励企业进行全面的自我审查，以使资源得到更好的利用，并促进持续的改进和创新。

零基预算法为企业提供了一个全新的预算编制方法，要求从零开始考虑每一项支出，并要求所有支出都要经过严格的成本效益分析。零基预算法的实施步骤如下。

(一) 提出计划设想

零基预算的实施初始阶段，涉及企业在面对不断变化的市场环境时，如何清晰地定位其经营管理的总体目标。这一阶段不仅是零基预算编制的起点，还是确保企业长远发展的重要基础。在明确了企业的经营管理总体目标后，各业务部门便能根据这一总体目标，结合其自身的业务特点和市场定位，明确自身的业务量及具体执行要求。这样的过程有助于确保各业务部门的预算编制工作能够与企业的总体目标紧密相连，从而保证预算的合理性和执行的可行性。

为实现上述目标，企业需进行多方面的分析和研究，以确保所制定的总体目标与企业的实际情况、市场需求及社会长远利益相匹配。各业务部门在明确自身的业务量及具体执行要求时，应充分考虑企业的生产能力和资源条件，以确保预算的实际可执行性。为促进各业务部门之间的协调和合作，企业还需设立相应的协调机制和沟通渠道，以确保各部门能够在预算编制和执行过程中形成良好的合作关系，共同推动企业的目标实现。通过这样的方式，零基预算能够为企业的经营管理提供清晰的方向和依据，帮助企业在面对复杂多变的市场环境时保持清晰的方向和明确的目标。

(二) 确定基层预算单位

在零基预算的编制过程中，确立基层预算单位是一个关键步骤。基层预算单位作为预算编制的基础单位，具有明确的业务边界和责任中心，是企业预算管理体系的重要组成部分。基层预算单位负责独立的业务活动，并在预算编制和控制过程中具有一定的独立性。

单位负责人对其所辖的全部预算费用拥有决策和控制权，是保证预算执行效率和效果的重要保障。明确单位负责人的责任和权限，能够使预算编制和执行过程更为明确、有效，避免预算过程中的不必要延误和失误。同时，明确的职责和业绩考评机制能够促使单位负责人和员工更加注重预算的编制和执行，提高对预算管理的重视程度。

企业在确定基层预算单位时，应充分考虑自身的业务特点和管理需求，确保基层预算单位的设置能够符合企业的实际情况和长远发展需求。合理的基层预算单位设置，能够为企业的预算管理提供良好的组织保障，有助于推动企业预算管理的标准化和系统化，从而提高预算的准确性和有效性。此外，基层预算单位的确定是实现企业成本控制和效益最大化的重要基础，能够为企业的持续发展和市场竞争力的提升提供有力支持。

（三）进行成本效益分析

在零基预算的编制过程中，进行成本效益分析是至关重要的一环。各基层预算单位需根据企业的总体目标对旗下的业务活动进行安排，并深入分析成本或费用与业务量或收益之间的关系。这一分析和评价过程不仅能够为后续的预算编制提供科学的依据，还能够确保资源得到有效的分配，从而最大化企业的经济效益。在成本效益分析的过程中，预算单位需将各费用开支方案进行分层，通过比较不同方案的成本与效益，确定哪些方案最具经济效益，符合企业的长远发展目标。这一过程有助于预算单位明确各项费用开支的优先级，确保关键和高效益的项目能够得到优先保障，从而提高预算执行的效果和企业的竞争力。成本效益分析的科学性和准确性直接影响到预算编制的质量和实效性。企业需注重提高预算单位在成本效益分析方面的能力和水平，通过培训和指导等方式，确保预算单位能够准确理解和掌握成本效益分析的方法和技巧，为企业的预算编制提供强有力的支持。成本效益分析能够为企业的决策提供重要的依据，有助于企业在面对多种选择时，基于数据和分析做出科学和合理的决策，推动企业的持续发展和市场竞争力的提升。

(四) 分配资金，落实预算

企业根据前一步确定的方案层次和可用的资金来源进行资金分配。为了确保预算的有效执行，企业需要全额保证法律、制度、合同规定的项目和部门的正常生产经营所必需的项目。同时，企业要根据自身的财务状况，为其他有经济效益的项目和合理的需求项目分配资金。

零基预算法的引入，使预算编制过程更为科学和合理。这种方法要求每一项支出都经过严格的审查和分析，确保以最低的成本获得最大的效益。然而，由于其对资源的高度要求，该方法在实际操作中可能面临一些挑战（该方法在公共组织部门中的应用较为普遍）。

四、滚动预算法

滚动预算法是一种动态的预算编制方法。它是根据上一期的预算指标完成情况，调整和具体编制下一期预算，并将预算期连续滚动向前推移的一种预算编制方法。这种预算方法的核心是为了更好地适应企业的持续经营活动和外部环境的不断变化。

滚动预算的理论基础主要有三点：首先，企业的生产经营活动是连续不断的。这意味着预算应当全面反映这一连续性，从而使预算方法与生产经营过程相适应。其次，由于企业的生产经营活动是复杂多变的，存在许多难以预测的因素，因此需要一个更为灵活的预算方法来应对不确定性。最后，人们对未来的认识是一个由粗糙到精细的过程。滚动预算能够逐步精细化预算，从而更好地适应实际情况。滚动预算的主要优势在于其动态性和灵活性。它不仅可以保持预算的完整性和连续性，还能帮助企业从动态的角度把握未来的趋势。这种预算方法可以使管理人员始终保持对未来的关注，进行全面的规划，从而确保企业的各项工作有序进行。滚动预算还有助于外部利益相关者（如银行、税务机关和投资者）对企业的经营状况进行持续的了解。更重要的是，由于滚动预算的不断调整和修订，它能够更好地适应实际情况，从而更有效地指导企业的经营活动。

企业采用滚动预算也面临一定的挑战。滚动预算需要不断地调整和修订，这增加了预算编制的工作量。为简化这一过程，企业可以选择按季度进行滚动预算，而在实际执行的季度内，再按月份进行细化。具体采用哪种方法，取决于企业的实际需要。滚动预算的实施需要一定的外部条件，如上级的生产指标和材料供应时间。如果这些条件基于自然年进行安排，那么企业的滚动预算编制将面临一定的困难。但随着市场经济的发展，这些限制正在逐渐减少，为滚动预算的广泛应用创造了有利条件。

五、概率预算法

企业在预算编制过程中，需考虑多个变量因素，包括业务量、价格和成本等。在稳定的生产和销售环境下，这些变量可能预估为定值，即在特定的业务量下，对应的收入和成本可以明确预测。但在市场供需波动或产销变化较大的情境中，确定这些变量的值就会变得具有挑战性。此时，基于客观条件，对相关变量进行近似估计变得至关重要。这涉及评估它们可能的变动范围，分析在此范围内的出现概率，并据此对各变量进行调整以计算其期望值。采用这种基于概率方法来编制预算的策略称为概率预算。例如，某企业20××年度预计有关产量和成本数据如表7-3所示。

第七章 成本预算与成本控制

表7-3 某企业20××年度预计有关产量和成本数据

计划产量		计划单位变动成本		计划固定成本（元）
数量（件）	概率	金额（元）	概率	
2000	0.2	6.3 5.8 4.6	0.1 0.6 0.3	3000
4000	0.5	6.3 5.8 4.6	0.2 0.5 0.3	3200
6000	0.3	6.3 5.8 4.6	0.2 0.6 0.2	3600

根据上述资料计算各成本的期望值并确定计划成本，结果如表7-4所示。

表7-4 某企业20××年度计划成本

计划产量		联合概率	计划变动成本			计划固定成本		总成本	
数量（件）及概率	概率		单位（元）	总额（元）	期望值	总额（元）	期望值	总额（元）	期望值
2000 P=0.2	0.1 0.6 0.3	0.02 0.12 0.06	6.3 5.8 4.6	12600 11600 9200	252 1392 552	3000 3000 3000	60 360 180	15600 14600 12200	312 1752 732
4000 P=0.5	0.2 0.5 0.3	0.10 0.25 0.15	6.3 5.8 4.6	25200 23200 18400	2520 5800 2760	3200 3200 3200	320 800 480	28400 26400 21600	2840 6600 3240
6000 P=0.3	0.2 0.6 0.2	0.06 0.18 0.06	6.3 5.8 4.6	37800 34800 27600	2268 6264 1656	3600 3600 3600	216 648 216	41400 38400 31200	2484 6912 1872
计划成本		1.00	—	—	23464		3280	—	26744

第三节 成本预算的执行

一、制定明确的指导方针

(一)确保指导方针的一致性

确保指导方针的一致性对于成本预算执行来说很关键。明确的指导方针可以为所有部门提供清晰的方向和参考点,使它们能够统一地追求企业的整体目标和战略。当每个部门都清楚地理解并遵循同一套指导方针时,整个组织就能够像一个紧密协作的团队一样运作,共同努力实现企业的长远愿景。

在复杂的企业环境中,各部门一般会有各自的目标和优先事项。如果没有明确的指导方针,这些部门可能会采取各自认为最佳的策略,从而导致整体策略的混乱和资源的浪费。不一致的预算和策略可能导致内部竞争,阻碍部门之间的协作和沟通。通过制定明确的指导方针,企业可以确保各部门朝着同一方向努力。这不仅有助于减少资源的浪费,还可以提高效率。当所有部门都遵循相同的指导方针时,企业内部的沟通和协作就会变得顺畅。明确的指导方针还有助于消除任何可能的混淆或误解。员工不需要猜测企业的总体战略或目标是什么,因为这些已经在指导方针中做了明确规定。这会使员工更有信心地执行他们的职责,并确保他们的努力与企业的总体目标和战略保持一致。当所有部门和员工都明确知道预算的目标和方向时,他们更可能制定出与企业总体战略和目标一致的预算计划。这不仅能确保预算的准确性和有效性,还有助于提高预算的执行效率。

(二)提供决策支持

明确的指导方针在为决策提供支持方面发挥着至关重要的作用。指导方针构建了一个结构化的参考框架，能够帮助决策者在面对各种预算问题时进行有条不紊的思考。这种框架确保了即使在复杂和多变的商业环境中，决策者的思考方向也都与企业的长期目标和战略保持一致。这样的一致性在维持组织的方向感和聚焦上至关重要，确保了所有资源和努力朝着同一个方向。

企业经常面临需要进行预算调整和重新分配的情况，这可能是由于外部环境的变化、内部目标的调整或其他多种因素引起的。在这种情境下，没有明确的指导方针，决策者可能会感到迷茫，不确定如何权衡各种优先事项。明确的指导方针为他们提供了一个稳固的基础，使他们能够系统地分析各种选择，评估它们与企业总体战略的契合度，并据此做出明智的选择。当决策者需要对决策做出说明时，明确的指导方针可以为他们提供强有力的依据。

（三）促进跨部门协作

当所有部门都遵循相同的指导方针时，它们之间的合作和沟通会变得更为顺畅。这些指导方针为各部门提供了一个清晰的框架，帮助它们明晰了自己的责任和期望。因此，各部门可以更加明确地知道何时、如何以及为什么与其他部门合作。这种明确性可以消除可能出现的冲突和误解，确保更有效和高效的跨部门合作。而且，当各部门明确了各自的目标和责任时，它们更有可能分享有关如何实现这些目标的经验和知识。这些经验和知识分享可以为组织带来巨大的价值，因为它们可以帮助各部门更好地理解和应对各种挑战，从而更有效地实现组织目标。

（四）增强预算的可靠性和准确性

预算的可靠性和准确性直接关系到企业的长期稳定性和能否成功。如果预算基于错误的信息或不切实际的假设，则可能导致资源的浪费、机会的丧失或其他不利影响。为避免这些后果，预算人员需要明确的指导方针,以确保做出的预算反映了真实的商业环境、组织的战略目标和实际的资源需求。这不仅涉及数据的收集和分析,还涉及对这些数据的解释和应用。明确的指导方针还能帮助预算人员识别和应对潜在的风险和不确定性。预算过程本身就是一个不断学习和调整的过程,需要对未来的不确定性进行预测。有了明确的指导方针,预算人员可以更好地评估不确定性,制定相应的策略来应对它们,从而增强预算的健壮性和适应性。

(五)提高员工的参与度和承诺感

当员工了解预算的目的、方向和目标时,他们会更容易理解自己的角色和责任。明确的指导方针为员工提供了一个清晰的参考框架,使他们知道预算是如何与组织的总体战略和目标相一致的,以及他们在这一过程中的作用是什么。这种明确性不仅能帮助员工更好地理解预算,还会使他们更容易接受和支持预算计划。当员工感到自己是预算制定和执行过程的一部分时,他们更可能对预算的成功产生强烈的责任感。

明确的指导方针还可以增强员工的归属感和认同感。在参与式预算制定和执行过程中,员工不是被动地接受和执行上级制定的预算,而是成为预算制定和执行过程的积极参与者。这种参与不仅提高了员工的满意度和承诺感,还增强了他们与企业的联系。员工会感到自己的意见和建议受到重视,自己的工作与企业的成功密切相关。这种归属感和认同感为预算的成功创造了有利的条件,因为员工会自觉地为实现预算目标而努力。

二、资源分配与优化

(一)提高资源利用效率

在成本预算的制定阶段,通过对历史成本数据与预期成本的深度分析，企业能够清晰地了解各项资源的需求与配比情况。通过制定合理的成本预算，企业能够实现对资源的有效分配，确保资源能够在正确的时间、正确的地点得到有效利用，避免资源的闲置与浪费。成本预算的执行过程，也是资源利用效率优化的过程。通过对实际成本与预算成本的对比分析，企业能够及时发现资源利用中存在的问题，及时对资源进行重新分配与优化。

成本预算的执行是企业资源利用效率持续改进的重要手段。通过对成本预算的执行与监控，企业能够不断地评估与优化资源的利用效率。例如，通过对各项成本的实时监控，企业能够及时发现资源的过度消耗或者浪费，从而及时调整资源的分配，优化资源配置，提高资源利用效率。成本预算还能为企业提供关于资源利用效率的重要数据与信息，为企业的决策提供有力的支持。

资源的优化分配与重新分配是实现资源利用效率提高的关键。在成本预算执行过程中，通过对资源的实时监控与分析，企业能够发现资源分配中存在的问题，从而及时做出调整，实现资源的优化分配与重新分配。例如，通过对不同部门或者项目的成本预算执行情况的分析，企业能够发现资源分配的不合理之处，从而及时调整资源的分配，实现资源的优化利用。

成本预算的执行是企业实现长期发展的重要支撑。通过对资源利用效率的持续优化，企业能够降低运营成本，提高运营效率，为长期发展奠定坚实的基础。成本预算还能为企业的战略规划提供重要的参考与支撑，帮助企业在面临市场变化与竞争压力时做出正确的决策，促进企业资源的高效利用，实现持续发展。

（二）促进经营决策的科学化

成本预算基于的是数据和分析，它能够帮助企业明确资源的需求和分配，为企业的经营决策提供有力的支撑。例如，在面临市场变化和竞争压力时，企业可以通过分析成本预算，了解资源的配置和利用状况，从而做出合理的市场策略和运营决策。成本预算为企业提供了一个清晰、完整的资源配置和利用的画像，能够帮助企业在复杂多变的市场环境中做出符合实际情况的决策，从而提高企业的竞争力和市场地位。

在资源分配与优化的过程中，成本预算能为企业提供关于资源配置的实时数据和分析，这能够帮助企业及时发现资源配置中存在的问题，从而及时调整资源分配，优化资源配置，以实现资源的最佳利用。成本预算的执行和监控，也是企业不断优化资源配置、提高资源利用效率的重要手段。通过对成本预算的实时监控和分析，企业能够及时发现资源利用中存在的问题，从而及时调整和优化资源的分配，以实现资源的高效利用。

成本预算也为企业的战略规划和长期发展提供了重要的参考。通过对成本预算的深入分析，企业能够明确自身长期的资源需求和分配策略，而这能够为企业的战略规划和长期发展提供有力的支撑。成本预算还能为企业提供重要的市场信息和反馈，帮助企业在面临市场变化和竞争压力时做出符合市场实际情况的战略决策，从而助力企业的持续发展。

（三）保障企业战略目标的实现

成本预算的执行与企业战略目标的实现密切相关。成本预算通过为企业提供明确的资源分配框架，保障资源的合理配置与企业战略目标的顺利实现。

在成本预算的制定与执行过程中，资源分配与优化是实现企业战略目标的重要手段。成本预算通过为企业提供关于资源配置的实时数据与分析，帮助企业在面对市场变化和竞争压力时，及时调整资源配置，保障企业战略目标的顺利实现。成本预算为企业提供了一个明确的资源配置框架，它通过对各项成本的详细分析，帮助企业清晰地了解其资源的状况与需求。在成本预算的制定与执行过程中，企业可以根据其战略目标，对资源的配置进行合理的规划与分配。例如，企业可以通过成本预算，对其生产、销售和管理等各个环节的资源需求进行明确的规划和分配，保障资源的合理配置与企业战略目标的顺利实现。

在成本预算的执行过程中，实时的资源配置监控与分析是实现企业战略目标的重要手段。例如，企业可以通过对成本预算执行情况的实时监控，发现资源的过度消耗或者浪费，从而及时调整资源配置，保障企业战略目标的顺利实现。

成本预算能够为企业战略调整提供及时的反馈与支持。在面对市场变化和竞争压力时，企业可以通过分析成本预算执行情况，及时调整其战略目标和资源配置，以应对市场变化和竞争压力。例如，企业可以通过对成本预算执行情况的分析，评估其战略目标的实现情况，从而及时调整战略目标和资源配置，以应对市场变化和竞争压力。

成本预算的持续优化，是实现企业战略目标的重要手段。通过对成本预算的持续优化，企业能够不断地提高资源配置的效率与效果，从而为企业战略目标的顺利实现提供有力的支撑。例如，企业可以通过对成本预算的持续优化，不断地提高资源配置的效率，从而保障企业战略目标的顺利实现。

（四）提升企业竞争力

成本预算的执行在企业资源的优化分配中占据核心位置，它通过对资源的有效控制和管理，为企业应对市场竞争提供有力的支持。资源的优化分配直接影响到企业的运营成本和运营效率，进而影响到企业的竞争力。通过成本预算的执行，企业能够对其资源进行有效的控制和管理，使资源能够得到合理和高效的利用，从而降低运营成本，提高企业的竞争力。例如，通过对成本预算的制定与执行，企业能够对其生产、销售和管理等各个环节的资源需求进行明确的规划和分配，从而降低资源的闲置和浪费，提高资源利用效率，进而降低运营成本，提高企业的竞争力。成本预算还能为企业提供关于资源配置的实时数据与分析，从而帮助企业在应对市场变化和竞争压力时，及时调整资源配置，实现资源的优化分配，提高企业的竞争力。

资源的合理分配与优化能够帮助企业快速响应市场变化，捕捉市场机遇，从而在市场竞争中脱颖而出。通过成本预算的执行，企业能够实时监控和分析资源配置的情况，从而及时发现资源配置中存在的问题，对资源分配进行调整与优化。例如，在面对市场变化时，企业可以通过对成本预算执行情况的实时监控，及时调整资源配置，以应对市场变化和竞争压力。成本预算还能为企业提供关于资源配置效率的重要数据与分析，帮助企业评估其资源配置的效率与效果，从而为企业的资源优化分配提供有力的支持。

通过成本预算的执行，企业还能够建立起一个更为合理和高效的资源管理体系，为企业的长期发展和市场竞争提供有力的支撑。

三、持续监测与反馈

在成本预算的执行过程中，持续的监测与反馈机制是确保预算执行与预定目标保持一致的重要手段。成本预算能为企业提供实时的预算执行情况的数据与分析，从而帮助企业及时发现和纠正存在的偏差，确保预算的执行与预定目标相一致。

（一）实时监测与控制

在成本预算执行过程中，实时监测与控制构成了预算管理的核心环节，它通过对预算执行情况的实时监测，为企业提供了及时发现和纠正预算执行偏差的可能。具体而言，实时监测与控制能为企业揭示预算执行的当前状态，通过对比预算目标与实际执行情况，帮助企业及时发现执行中存在的问题。例如，在资源配置方面，实时监测能够及时发现资源的过度消耗或浪费，从而为企业提供调整资源配置的依据，确保资源的有效利用,进而保证预算的执行与预定目标保持一致。实时监测与控制还能为企业提供预算执行情况的实时反馈,帮助企业及时了解预算执行的进度和效果,从而为企业的决策提供重要的参考依据。通过对预算执行情况的实时监测,企业能够及时调整预算目标和资源配置,以应对市场变化和竞争压力,确保预算的执行与预定目标相一致。实时监测与控制还能为企业提供预算执行效率的重要参考,帮助企业不断优化预算执行,提高预算执行的效率与效果。通过实时监测与控制,企业能够构建起一个更为合理和高效的预算管理体系,为企业的长期发展和市场竞争优势提供重要的支撑。在这个过程中,实时监测与控制既能为企业提供及时发现和纠正预算执行偏差的可能,也能为企业的决策提供重要的参考依据,为企业的持续发展奠定坚实的基础。

(二)数据分析与优化

在成本预算执行过程中,数据分析与优化尤为重要,它通过深度挖掘与分析预算数据,为企业发现并纠正预算执行过程中可能出现的偏差提供有力的支持。

数据分析能为企业展现预算执行的真实情况。通过对比预算目标与实际执行结果,企业能够清晰地识别出预算执行中存在的问题。例如,在资源配置方面,数据分析能够揭示资源配置的效率与效果,为企业优化资源配置提供明确的方向与依据。通过对预算执行情况的深度分析,企业能够发现资源配置的不合理之处,从而及时调整资源配置,优化成本预算,确保预算的执行与预定目标保持一致。数据分析与优化还能为企业的决策提供重要的支持与依据。通过对预算执行情况的深度分析,企业能够及时了解预算执行的效果,获得决策的重要数据支持。例如,在面临市场变化和竞争压力时,企业能够通过对预算执行情况的深度分析,及时调整预算目标和资源配置,以应对市场变化和竞争压力,确保预算的执行与预定目标相一致。

数据分析与优化还能为企业的持续改进提供重要的支撑。通过对预算执行情况的深度分析，企业能够不断优化预算执行，提高预算执行的效率与效果，提升企业竞争优势。数据分析与优化不仅能为企业提供及时发现和纠正预算执行偏差的可能，还能为企业的决策提供重要的支持与依据，为企业的持续发展奠定坚实的基础。通过数据分析与优化，企业能够构建起一个更为合理和高效的预算管理体系，助力企业的长期发展。

（三）决策支持与改进

在成本预算执行的多个环节中，决策支持与改进无疑占据了重要的位置。通过持续的监测与反馈，企业能够得到对预算执行情况的深度理解与评估，而这些可以作为企业决策和持续改进的重要依据。具体来说，通过对预算执行情况的实时监测与分析，企业能够及时了解预算执行的进度和效果，获得决策的重要参考依据。例如，企业通过对预算执行情况的实时监测，能够及时了解资源配置的效率与效果，从而对资源分配做出调整。决策支持与改进机制能够帮助企业及时发现并纠正预算执行中存在的偏差，从而确保预算的执行与预定目标保持一致。

决策支持与改进机制能为企业的持续改进提供重要的支撑。通过对预算执行情况的实时监测与分析，企业能够发现预算执行中存在的问题，明确改进的方向与依据。例如，企业能够通过对预算执行情况的深度分析，发现资源配置的不合理之处，从而及时调整资源配置，优化成本预算，确保预算的执行与预定目标保持一致。企业还能够评估预算目标的实现情况，从而及时调整预算目标，确保预算的执行与企业的长期发展战略保持一致。

通过决策支持与改进机制，企业能够不断优化预算执行，提高预算执行的效率与效果。通过决策支持与改进机制，企业能够构建起一个更为合理和高效的预算管理体系，为企业的长期发展和市场竞争优势提升提供重要的支撑。在市场竞争中，决策支持与改进机制能够帮助企业及时调整预算目标和资源配置，以应对市场变化和竞争压力，确保预算的执行与预定目标保持一致。

四、人员培训与能力建设

预算执行力是预算管理和实现企业战略目标的支撑与保证。为实现预算的有效执行，企业需投入适当的资源开展人员培训与能力建设，以确保员工具备必要的预算管理知识和技能，能够有效地参与和支持预算的执行。

（一）系统性人员培训

系统性人员培训在确保企业预算管理有效执行中扮演了重要角色。为使员工充分掌握预算管理的基本知识与技能，企业需进行精心设计的系统性培训。此类培训涵盖了预算管理的基本原理、预算编制与控制的方法、预算分析的技巧等多方面内容。通过系统性培训，员工能够深入理解预算管理的核心概念与操作流程，从而有效地参与预算的编制与控制工作。

系统性培训的内容设计需与企业的实际业务和预算管理需求紧密相连。通过案例分析、实战演练等多种培训方法，企业能够帮助员工将预算管理的理论知识转化为实际操作能力。案例分析能帮助员工理解预算管理在实际业务中的应用与影响，而实战演练则能提供一个安全的环境，让员工在实际操作中掌握预算管理的基本技能。这些方法不仅能够提高员工的理论知识水平，还能够提高其实际操作能力，从而提高企业预算管理的效率与效果。系统性培训还能够帮助员工了解预算管理的重要性，从而增强其参与预算管理的积极性与责任心。了解预算管理的重要性能够激发员工的积极性，使其更加主动地参与预算的编制与控制。通过系统性培训，员工能够明白预算管理对企业长期发展的重要作用，从而更加积极地参与预算管理，提高对预算管理的责任心。

为确保培训效果，企业还需对培训效果进行评估。通过对培训效果的定期评估，企业能够及时了解培训的效果，从而进一步优化培训内容和方法。

（二）持续能力建设

企业需对员工实施持续能力建设，确保其不断更新预算管理的知识与技能。高级预算管理培训、专题讲座及外部培训等活动为员工提供了获取新的预算管理知识与技能的渠道。通过这些活动，员工能够了解最新的预算管理理念与方法，不断提高预算管理的知识水平和技能，从而有效地支持预算的执行和控制。高级预算管理培训能为员工提供更为深入的预算管理知识与技能，帮助其掌握预算编制、控制与分析的高级技巧。专题讲座能为员工提供特定领域的预算管理知识与技能，帮助其解决预算管理中的特定问题。而外部培训能为员工提供不同视角的预算管理知识与技能，帮助其拓宽视野，提高解决问题的能力。

持续能力建设的实施还能帮助企业建立起学习型组织文化。企业可通过持续能力建设鼓励员工不断学习和提高，从而建立起持续学习和持续改进的组织氛围。学习型组织文化不仅能为员工提供成长与发展的机会，还能为企业的长期发展提供有力的人力资源支撑。在这个过程中，企业能够不断优化预算管理体系，提高预算管理的效率与效果，有力支撑企业的长期发展。

第四节 成本预算的控制

一、建立严格的预算控制机制

（一）建立明确的目标

在建立严格的预算控制机制时，目标的明确性是基础且至关重要的一环。企业需明确预算控制的目标,并使其与企业的战略目标和业务目标保持一致。通过明确预算控制的目标,企业能够为所有涉及预算执行的人员提供明确的指导和期望,使其清晰理解预算目标和期望结果。这种明确性有助于确保预算的执行与预定目标保持一致,实现企业的预算控制目标。在明确预算控制目标的过程中,企业需确保目标的可衡量性、可实现性和相关性,以确保预算控制的有效性和实用性。

明确的预算控制目标是实现成本预算控制的基础。通过明确的预算控制目标,企业能够为预算执行提供明确的方向和标准,帮助员工理解预算控制的重要性和预算执行的要求。明确的预算控制目标还能为企业的决策提供支持,帮助企业在预算执行过程中做出正确的决策,确保资源的有效利用和优化。明确的预算控制目标还能为企业的绩效评估提供依据,帮助企业了解预算执行的效果,为企业的持续改进和发展提供支持。在这个过程中,明确的预算控制目标能够帮助企业建立严格的控制机制,以使预算的执行与预定目标保持一致,从而对成本预算进行有效控制,实现企业的预算控制目标。

(二)实施持续的监控与评估

实施持续的监控与评估是建立严格控制机制的核心组成部分,同时是体现成本预算控制的重要方式。

通过对预算执行的各个环节进行实时监控,企业能够及时发现实际成本与预定目标之间的偏差,从而及时采取纠正措施。在预算执行的过程中,实时监控能够帮助企业了解预算执行的实时状态,及时发现存在的问题和风险,为企业的决策提供支持。实时监控还能够为企业提供实时的反馈,帮助企业在预算执行过程中做出正确的决策,以使预算的执行与预定目标保持一致。实时监控还能够为企业的持续改进提供支持,帮助企业优化预算执行过程,提高预算执行的效率和效果。

通过对预算执行的各个环节进行评估,企业能够了解预算执行的效果，获得持续改进的依据。评估不仅能够帮助企业了解预算执行的效果，还能够为企业的决策提供支持，帮助企业在未来的预算编制和执行中避免类似的问题。通过评估，企业能够了解预算执行的效果，识别存在的问题和改进点，从而优化预算执行过程，提高预算执行的效率和效果，提升企业的竞争力，为企业的长期发展提供支持。

通过持续的监控与评估，企业能够建立严格的控制机制，确保预算的执行与预定目标保持一致，从而体现成本预算的控制，为企业的成功奠定基础。

（三）建立有效的反馈机制

建立有效的反馈机制是实现严格控制机制的重要组成部分。通过有效的反馈机制，企业能够及时了解预算执行的实际情况，识别预算执行过程中存在的问题。一方面，有效的反馈机制能够为企业提供实时的信息，帮助企业及时了解预算执行的进度和效果，为企业的决策提供依据。当预算执行与预定目标出现偏差时，及时有效的反馈能够帮助企业及时发现问题，为纠正措施提供依据，从而确保预算执行的效果。另一方面，反馈机制还能够为企业的持续改进提供支持。通过持续反馈，企业能够不断发现预算执行过程中存在的问题和改进点，从而进行持续改进。

有效反馈机制的建立是成本预算控制的重要体现。通过有效的反馈机制，企业能够及时调整预算控制策略，以确保预算执行的效果。在预算执行过程中，及时的反馈和调整是确保预算控制效果的重要手段。通过有效的反馈机制，企业能够将预算控制与企业的实际运营情况相结合，保持预算的有效控制。有效的反馈机制还能够为企业的长期发展提供支持，帮助企业不断优化预算控制策略，提高预算控制的效率和效果，从而为企业的成功奠定基础。

(四) 透明度的保持

在成本预算的控制过程中,透明度的保持是实现严格控制机制的一个重要方面。通过保持预算执行过程的透明度,企业能够确保所有相关人员能够了解预算执行的实时情况,从而有助于促进各方的合作与协调,确保预算执行的效果。透明度的保持能够消除信息的不对称,提高预算执行过程中的沟通效率,为企业的决策提供更为准确与及时的信息。预算的透明度不仅能够帮助企业及时了解预算执行的情况,而且能够为企业识别存在的问题和改进点提供支持,从而有助于企业优化预算执行过程,提高预算执行的效率和效果。

透明度的保持还是体现成本预算控制的重要方式。通过透明度的保持,企业能够为相关人员提供清晰的预算执行情况,从而为企业的决策提供支持,为企业的持续改进提供依据。预算执行过程的透明度能够帮助企业及时调整预算控制策略,确保预算的执行与预定目标保持一致。在一个开放与透明的环境中,企业能够更为有效地实施预算控制,确保资源的有效利用和优化,从而实现企业的战略目标和业务目标。

二、进行偏差分析

(一) 及时发现问题

偏差分析是成本预算控制的一项重要活动,它通过比较预算与实际成本之间的差异,助力企业及时发现执行过程中存在的问题。当预算执行的实际情况相比预定目标出现偏差时,及时发现问题并进行分析能为企业提供采取纠正措施的依据,从而帮助企业调整预算控制策略,确保预算执行与预定目标保持一致。偏差分析不仅能够帮助企业及时发现问题所在,还能为企业的决策提供有价值的信息,帮助企业在面对市场变化时做出及时和正确的决策。在这个过程中,偏差分析的及时性和准确性是保证预算控制效果的重要因素。

偏差分析的实施对于强化成本预算的控制具有重要意义。通过偏差分析，企业能够了解预算执行过程中存在的问题和改进点，从而优化预算执行过程，提高预算执行的效率和效果。偏差分析还能为企业的未来预算编制提供有价值的参考，帮助企业在未来的预算编制中避免类似问题的发生。在这个过程中，偏差分析的及时性和准确性能够为企业实现成本预算的及时有效控制提供支持，从而为企业的成功奠定基础。

（二）识别潜在问题

偏差分析的核心目的在于深入探究预算成本与实际成本之间出现差异的根本原因，以识别潜在的问题和风险。通过深入的偏差分析，企业能够发现导致偏差的因素，如操作失误、市场变化或内部控制不足等。识别潜在问题的过程，既为企业提供了纠正当前偏差的依据，也能避免类似问题的再次发生。通过系统地分析出现偏差的原因，企业可以采取针对性的措施，如调整预算控制策略、优化资源分配、改进管理制度等，从而确保预算执行的效果和企业的稳定发展。

偏差分析在成本预算控制中占据着举足轻重的地位，它不仅能够帮助企业识别潜在问题，还能为企业的长期战略提供支持。通过偏差分析，企业能够优化预算控制过程，提高预算的准确性和有效性，从而更好地实现企业的目标。识别潜在问题的能力，将使企业在面对未来市场变化和内部运营挑战时，具备做出良好应对的基础能力。这种对潜在问题的识别和分析，不仅体现了成本预算控制的深度和广度，而且为企业在日益复杂多变的商业环境中保持竞争力、实现可持续发展提供了有力的支撑。在这个过程中，偏差分析作为成本预算控制的重要手段，能够为企业在资源分配、风险管理和策略调整等方面提供有力的支持，由此可见其在企业管理中的重要价值。

（三）为未来预算编制提供参考

偏差分析具有指导未来预算编制的重要价值。分析当前预算执行过程中出现的偏差及其原因，可以为企业未来的预算编制提供有价值的参考和依据。偏差分析能够帮助企业识别导致偏差的因素，从而在未来的预算编制中尽力避免类似问题的发生。这种反馈循环不仅能够帮助企业优化预算编制过程，还能够提高预算的准确性和实用性。当企业在未来的预算编制过程中考虑到过去的偏差分析结果时，企业往往能够更为准确地预测成本和收入，从而制定出更为合理和可行的预算。

在长期的运营管理中，偏差分析能为企业未来的预算编制提供丰富的经验和教训。这种以数据和分析为基础的反馈机制，能够帮助企业不断优化预算编制的方法和流程，提高预算的质量和效果。随着时间的推移，偏差分析的积累将使企业在预算编制上越来越成熟，能够更好地应对市场变化和企业发展的需要。偏差分析还能为企业的决策提供有力的支持，帮助企业基于数据和分析做出更为科学和合理的决策。这种以偏差分析为基础的预算编制参考，既体现了成本预算控制的重要性，又能为企业的持续发展和市场竞争力的提升提供有力的支撑。在这个过程中，偏差分析作为成本预算控制的重要手段，展示了其在企业长期发展战略中的重要价值。

（四）提高预算的准确性

偏差分析是一种重要的预算控制手段，可以助力企业提高预算准确性。通过系统地分析预算成本与实际成本之间的偏差，企业能够对预算编制和执行过程中存在的问题进行深入的了解和识别。偏差分析可以为企业提供明确的反馈，使企业能够在预算编制和执行的各个阶段对出现的问题进行及时纠正。进而，企业可以根据偏差分析的结果，对预算编制和执行过程进行不断优化，从而提高预算的准确性和有效性。同时，通过偏差分析的反馈，企业能够更为准确地理解市场变化和内部运营状态对预算执行的影响，从而在未来的预算编制和执行过程中避免类似问题的发生，提高预算的准确性。

偏差分析不仅能助力企业提高预算准确性，还是成本预算控制的重要组成部分。通过偏差分析，企业能够确保预算的执行与预定目标保持一致。而随着偏差分析的深入进行，企业会积累丰富的经验，不断优化预算编制和执行的流程和方法，从而提高预算的准确性和有效性。偏差分析为企业提供了实现高准确度预算的有效途径，而准确和有效的预算可以为企业的长期发展和市场竞争力的提升提供有力的支撑。在这个过程中，偏差分析作为成本预算控制的重要手段，可以为企业实现准确和有效的预算管理提供重要的支持。

三、风险管理与预防

风险管理与预防在成本预算控制过程中占据着重要的地位。透彻理解并妥善处理可能出现的风险，是确保预算目标顺利实现的关键。

（一）风险识别与评估

风险识别与评估在成本预算的控制过程中占有举足轻重的地位。通过深入细致的风险识别与评估，企业能够洞悉可能出现的风险和不确定性因素，从而做好风险预防措施。在企业日常运营中，市场波动、供应链的不稳定、原材料价格的变化以及政策环境的调整等，都可能对企业的成本预算造成不小的影响，对此，企业需通过风险识别与评估，准确地洞悉这些风险因素，以便采取有效的措施进行应对。

在风险识别阶段，企业需利用多种方法和技术，如历史数据分析、市场调研和专家访谈等，全面、准确地识别可能影响成本预算的各类风险。识别出的风险需进行详细的记录和分类，以便于后续的风险评估和处理。风险识别不仅要识别出风险的种类，还需识别出风险的来源、可能的影响以及风险的可能性和严重性。这样的识别过程，有助于企业更为准确地了解风险的性质和特点，从而更好地进行后续的风险评估和处理。

在风险评估阶段，企业需对识别出的风险进行深入的评估，以确定风险的可能性和影响程度。风险评估通常包括定性评估和定量评估两个方面：定性评估主要是对风险的性质、来源和可能影响进行描述和分析；定量评估则是通过数据分析和统计方法，对风险的可能性和影响程度进行量化分析。通过风险评估，企业能够明确风险的重要性和紧迫性，从而确定风险处理和预防的方向和措施。值得注意的是，风险评估需结合企业的实际情况和外部环境，以确保评估的准确性和实用性。

（二）风险防控措施

风险防控是确保成本预算执行效果的关键环节。在识别及评估了可能面临的风险后，企业需要精心制定和实施风险防控措施，以降低或消除风险对预算执行的不利影响。有效的风险防控措施可以增强企业的风险应对能力，保障预算执行的稳定和效果，为企业的长期发展和市场竞争力的提升提供有力的支撑。

在制定风险防控措施时，企业需根据风险的种类、可能性和影响程度，制定具体、可行的防控措施。例如，针对供应链中断的风险，企业可以优化供应链管理，建立多元化的供应商体系，以减少对单一供应商的依赖，降低供应中断的风险。针对市场波动的风险，企业可以制定灵活的价格策略，以应对市场价格的波动，保障预算的执行效果。针对政策变化的风险，企业可以加强政策研究和合规管理，以应对政策环境的变化，减少政策变化对预算执行的不利影响。

在实施风险防控措施时，企业需注意风险防控措施的合理性和实施的及时性。企业需根据风险的实际情况，及时调整风险防控措施，确保风险防控措施的有效性。为确保风险防控措施的实施效果，企业可采取多种方法监控风险防控措施的实施情况,如设置风险监控指标、建立风险报告机制、实施风险审计等。通过这些方法,企业能够及时发现风险防控措施的不足,从而及时采取完善措施。

通过精心设计和实施风险防控措施,企业能够降低风险对预算执行的不利影响,保障预算执行的稳定和效果,助力企业发展目标的实现。

(三) 风险监测与反馈

风险监测与反馈作为风险管理与预防的持续过程,具有至关重要的作用。通过监测风险防控措施的执行效果,以及评估风险防控措施的合理性与有效性,企业能够及时发现风险防控中存在的问题,从而进行风险防控措施的优化调整。有效的风险监测与反馈不仅能帮助企业了解风险防控措施的执行效果,还能为企业的决策提供有力的支撑,帮助企业面对市场变化和内部运营挑战。

在实施风险监测与反馈时,企业需建立完善的风险监测与反馈机制,明确风险监测与反馈的目标、方法和流程。例如,企业可设定风险监测指标,建立风险监测体系,实施定期的风险评估和审计,以实时监测风险防控措施的执行效果。企业还可建立风险报告机制,由相关部门及时反馈风险监测的结果,以为企业的决策提供有力的支撑。企业则根据风险监测与反馈的结果,及时调整风险防控措施,并确保风险防控措施的合理性与有效性。

风险监测与反馈的实施能为企业持续优化风险管理与预防的流程和方法提供支持。通过持续的风险监测与反馈,企业能够发现风险防控措施存在的问题,并针对此进行风险防控措施的持续优化。风险监测与反馈还能为企业的未来风险管理与预防提供有价值的参考,为企业面对未来市场变化和内部运营挑战提供重要的支撑。在这个过程中,风险监测与反馈作为风险管理与预防的重要组成部分,可以为企业实现准确和有效的风险管理提供重要的支撑。

四、持续改进与创新

在管理会计领域,成本管理控制的持续改进与创新是推动企业持续发展、提升预算准确性和有效性的重要手段。

(一)过程优化与标准化

过程优化与标准化在成本预算的控制过程中占据着基础性的地位。

通过对预算编制和执行过程的深度优化,企业可以降低预算过程中的偏差和风险,提升预算的准确性和效率。过程优化涵盖多个方面,包括简化预算编制和审核流程、优化预算分析方法、提高预算数据的准确性等。每一种优化方法都旨在降低预算编制和执行的时间和成本,提高预算的准确性和效果。例如,通过简化预算编制和审核流程,企业能够缩短预算编制周期,加快预算审核速度,从而提高预算的响应速度。而优化预算分析方法则能够帮助企业更为准确和有效地分析预算数据,识别预算偏差和问题,为企业的决策提供更为准确和有力的支持。

过程标准化也是实现预算过程持续改进和创新的重要手段。通过制定预算编制和执行的标准流程、建立预算审核和评估的标准方法、制定预算修订和调整的标准流程等,企业能够确保预算过程的稳定和可复制性,降低预算过程中的不确定性和风险。过程标准化不仅能够提高预算过程的稳定性,还能够为企业的持续改进和创新提供有力的支持。例如,通过制定预算编制和执行的标准流程,企业能够确保预算编制和执行的质量和效率,降低预算偏差和风险。而通过建立预算审核和评估的标准方法,企业能够实现预算的科学管理,提高预算的效果和效率。过程标准化还能够为企业建立起一个稳定和高效的预算管理体系,为企业的长期发展和市场竞争力的提升提供有力的支撑。

（二）技术创新与应用

技术创新与应用在成本预算控制的持续改进与创新中具有不可忽视的重要性。随着信息技术的不断发展，企业有了更多的机会利用先进技术来优化预算管理过程，提高预算的准确性和效果。通过引入先进的预算管理软件和信息系统，企业能够实现预算数据的实时监控和分析，获得决策的有力数据支持。例如，引入先进的预算管理软件能够帮助企业实现预算数据的集中管理和实时分析，提高预算管理的效率和效果。而建立预算数据的实时监控和分析系统，可以帮助企业实时发现预算偏差和风险，为企业决策提供及时和准确的数据支持。

技术创新还包括利用大数据和人工智能技术优化预算分析方法。例如，通过利用大数据技术，企业能够实现对海量预算数据的快速分析和处理，获得及时和准确的数据支持。而通过利用人工智能技术，企业能够实现预算数据的智能分析和预测，获得科学和准确的数据支持。技术应用还能够帮助企业实现预算过程的自动化和智能化，降低预算过程中的人为错误和偏差，提高预算的准确性和效果。例如，通过实现预算过程的自动化，企业能够降低预算编制和执行过程中的人为错误，提高预算的准确性。而通过实现预算过程的智能化，企业能够实现预算数据的智能分析和处理，提高预算的效果。

（三）组织文化与人员培训

组织文化与人员培训在推动成本预算控制的持续改进与创新中具有显著的影响。

一个以持续改进和创新为核心的组织文化能够为预算过程的改进和创新提供强有力的支持。通过推广持续改进和创新的理念，企业能够激发员工的创新意识和积极性，促使其参与预算过程的改进和创新。例如，通过建立预算改进和创新的激励机制，企业能够激励员工积极参与预算过程的改进和创新，提高预算过程的效率和效果。创建预算改进和创新的交流和分享平台，能够促进员工之间的知识交流和分享，为预算过程的持续改进和创新提供有力的支持。

人员培训是提高员工预算管理知识和技能的重要手段。通过提供预算管理的培训课程、组织预算管理的交流和分享活动、提供预算管理的学习资源，企业能够提高员工的预算管理能力，从而为预算过程的持续改进和创新提供人力资源支持。例如，通过提供预算管理的培训课程，企业能够帮助员工掌握预算管理的基本知识和技能，提高其参与预算过程的能力。通过组织预算管理的交流和分享活动，企业能够促进员工之间的知识交流和分享，从而为预算过程的持续改进和创新提供有力的支持。通过提供预算管理的学习资源，企业能够为员工的自我学习和提高提供便利，从而提高员工的预算管理能力。

第八章 成本管理与控制和企业战略的协同及未来发展趋势

第一节 成本管理与控制在企业战略中的地位

一、战略导向的成本管理与控制

在现代企业管理中，成本管理与控制不仅仅是一种日常的财务活动，而是成了实现企业战略目标的重要工具。战略导向的成本管理与控制强调将成本控制融入企业的战略规划，通过对成本的有效管理，推动企业战略目标的实现。这种管理方式要求企业不仅要关注成本的数量，还要关注成本的质量和结构，以使成本的投入能够产生最大的战略效益。

成本管理与控制在企业战略中的地位体现在其对企业竞争力的影响上。在市场竞争日益激烈的今天，企业要想在竞争中脱颖而出，就必须具备强大的成本控制能力。通过对原材料、人工、制造等各个环节的成本进行严格控制，企业可以降低成本，提高价格竞争力；通过对产品和服务质量进行持续改进，企业可以提高产品附加值，增强市场竞争力。这就要求企业在制定战略规划时，将成本管理与控制纳入考虑范围，确保企业的成本结构和资源配置符合战略目标的要求。

战略导向的成本管理与控制还体现在其对企业可持续发展的支持上。通过对成本的精细管理与控制，企业不仅可以在短期内提高经济效益，还可以在长期内实现资源的优化配置，推动企业的可持续发展。这就要求企业在进行成本管理与控制时，不能仅仅追求短期利益，而应将眼光放长远，从整个产业链和生命周期的角度对成本进行管理与控制。

二、成本信息在战略决策中的作用

在企业的运营管理中，成本信息不仅仅是一种财务数据，更是一种重要的战略资源。准确、及时的成本信息能够帮助企业深刻理解其成本结构和利润来源，为战略决策提供科学依据。通过对成本信息的分析，企业可以发现成本控制的潜在空间，优化资源配置，提高运营效率，从而在激烈的市场竞争中取得优势。在这个过程中，成本管理与控制的作用不可忽视，它通过对成本信息的收集、分析和应用，为企业的战略决策提供有力的支持。

成本信息在战略决策中的作用体现在多个方面。首先，成本信息能够帮助企业制定更为合理的战略目标。企业在制定战略时，需要对未来的市场环境、竞争态势、自身的资源和能力等进行全面分析，而成本信息作为其中的重要组成部分，能够为分析提供量化的数据支持。通过对成本信息的分析，企业可以更准确地预测未来的成本趋势，制定更为科学的战略目标和计划。其次，成本信息能够帮助企业在战略执行过程中进行有效的监控和调整。在战略执行过程中，企业需要对各项战略目标和计划的实现情况进行持续跟踪，而成本信息作为一种重要的反馈机制，能够帮助企业及时发现问题、及时调整措施，从而确保战略目标的实现。最后，成本信息能够帮助企业在战略评估阶段进行有效的绩效评价。通过对成本信息和收益情况的分析，企业可以评价战略实施的经济效益，找出战略实施中的不足之处，获得战略调整和优化的依据。

成本管理与控制在企业战略中的地位举足轻重。它通过对成本信息的有效管理和应用，为企业的战略决策提供有力的支持，帮助企业在复杂多变的市场环境中保持竞争优势。为了发挥成本管理与控制在企业战略中的作用，企业需要建立一套完善的成本信息管理体系，以确保成本信息的准确性、及时性和可靠性。此外，企业需要加强对员工的培训和管理，提高员工对成本信息的敏感度和应用能力，以确保成本信息在战略决策中的有效应用。通过这些措施，企业可以更好地利用成本信息，推动战略目标的实现。

三、成本管理与控制的战略协同

成本管理与控制作为企业运营管理中的核心活动之一，其重要性不言而喻。当成本管理与控制和企业战略实现协同时，成本管理与控制的作用和效益将得到放大。

首先，从市场战略的角度来看，成本管理与控制的战略协同体现为通过对市场需求的准确把握和对成本结构的科学管理，帮助企业在保持产品和服务质量的同时降低成本、提高价格竞争力。在市场竞争日益激烈的今天，价格依然是影响消费者购买决策的重要因素。企业通过对原材料采购、生产制造、物流配送等环节的成本进行严格管理与控制，可以在不牺牲产品质量的前提下降低成本，在价格上占据优势，从而吸引更多的消费者。企业还可以通过对市场趋势的准确预测，合理调整产品结构和生产计划，减少库存和浪费，来进一步降低成本。

其次，从产品战略的角度来看，成本管理与控制的战略协同体现为通过对产品全生命周期成本的管理，提高产品的整体竞争力。企业在产品设计阶段就应该考虑到成本因素，通过采用成本效益高的设计方案和材料，实现产品成本的最优化。在生产阶段，企业应通过采用先进的生产技术和管理方法，提高生产效率，降低单位产品的成本。在销售和服务阶段，企业应通过提高服务效率和质量，提升客户满意度，从而提高

第八章　成本管理与控制和企业战略的协同及未来发展趋势

产品的市场占有率和盈利能力。

最后，成本管理与控制的战略协同还体现为通过对外部环境的适应和对企业内部资源的优化配置，推动企业的持续创新和发展。在外部环境不断变化的情况下，企业需要通过灵活的成本控制策略，迅速适应市场变化，不断创新，保持竞争优势。在企业内部，企业需要通过对资源的合理配置和利用，来实现成本的最优化，提高资源使用效率。

四、成本优势的战略价值

在经济全球化竞争日益激烈的市场环境中，成本管理与控制成为企业谋求发展、夯实竞争地位的关键工具之一。通过对成本的精细管理和严格控制，企业能够形成独特的成本优势，从而在竞争中赢得先机。成本优势不仅体现为直接降低产品价格，还体现为通过提高运营效率、优化资源配置等措施为企业创造更大的价值空间。

成本管理与控制基于对企业内外部环境的深刻洞察，帮助企业在资源有限的前提下实现最优配置，形成成本优势。这不仅要求企业在传统的成本控制环节如采购、生产、物流等方面下功夫，还要求企业在产品研发、市场营销、服务创新等方面寻求成本优化的机会。通过全方位的成本管理与控制，企业能够在保证产品与服务质量的同时实现成本的最低化，提升市场竞争力。

在成本管理与控制的过程中，企业需要对成本的各个组成部分进行细致分析和评估，找出成本控制的重点和潜在的节约空间。这要求企业建立一套完善的成本信息系统，确保成本数据的准确性和时效性。企业还需要建立一套有效的成本控制机制，通过激励与约束相结合，推动全员参与成本管理，形成强大的成本控制氛围。企业还应当注重从战略的高度出发，将成本管理与控制和企业的长远发展目标相结合，确保成本优势的持续性和稳固性。

通过对成本的有效管理与控制，企业不仅可以在现有市场中提升竞争地位，还可以通过成本优势进入新的市场领域，拓宽业务范围。在新的市场环境中，企业的成本优势将成为其快速占领市场、形成竞争壁垒的重要武器。成本优势还能够帮助企业在面临市场波动和不确定性时，保持稳健的经营状态，减少外部环境变化对企业的负面影响。

五、成本管理与控制的持续改进与战略实施

成本管理与控制在企业运营中扮演着至关重要的角色，尤其是在实现企业战略目标的过程中，其作用更是不可或缺。随着市场环境的不断变化和企业内部条件的持续优化，成本管理与控制也需要进行持续的改进和创新，以确保其效率和效果不断提升，更好地服务于企业的战略实施。

成本管理与控制在企业战略中的地位体现为其能够通过优化成本结构和提升成本效率，直接影响企业的竞争力和盈利能力。在市场竞争激烈、客户需求多变的当下，企业要想在竞争中占据有利地位，就要具有强大的成本控制能力。这既要求企业在传统的成本控制环节如采购、生产、物流等方面进行优化，又要求企业在产品研发、市场营销、服务创新等方面寻求成本优化的机会。

成本管理与控制的持续改进是实现其战略价值的关键。这要求企业建立一套科学的成本管理与控制体系，明确成本控制的目标和责任，制定切实可行的成本控制措施。企业还需要对成本管理与控制的效果进行定期评估，找出存在的问题，及时进行调整和优化。企业还应当注重引入先进的成本管理与控制的工具和方法，以提高成本控制的精确性和科学性。

成本管理与控制的持续改进还体现在对外部环境变化的快速响应和对内部资源配置的优化上。企业需要通过灵活的成本控制策略，迅速适应外部市场变化，保持竞争优势。同时，企业需要对内部资源进行合理配置和利用，实现成本的最优化。通过这样的持续改进，企业能够在

第八章 成本管理与控制和企业战略的协同及未来发展趋势

激烈的市场竞争中始终保持竞争优势，为企业的战略实施提供有力的支持。

第二节 成本管理与控制和企业战略的协同

成本管理与控制和企业战略之间存在着紧密的协同关系。在现代企业经营中，成本管理与控制既是企业日常运营的重要组成部分，也是企业战略实施的基础。有效的成本管理与控制，可以为企业战略实施提供有力的支持，促进企业战略目标的实现。

一、战略目标与成本控制目标的整合

战略目标与成本控制目标的整合是确保企业战略实施效果的重要环节。成本管理与控制不仅仅是企业日常运营管理的需求，更是企业战略目标实现的重要支撑。企业战略的制定通常基于企业的长期发展目标，而成本控制目标则应该是企业战略目标在某一方面的具体体现。两者的紧密结合可以使企业在追求战略目标的同时确保资源的有效利用和成本的合理控制。

以追求成本领先战略的企业为例，其战略目标通常是通过降低成本来获得市场竞争优势。在这种情况下，成本控制的目标应当是降低成本，提高效率。设定明确的成本控制目标，如降低生产成本、优化资源配置等，可以为企业实现战略目标提供明确的方向和具体的操作指南。通过对成本控制目标的实施和监控，企业可以及时发现和纠正成本控制中存在的问题，为战略目标的实现提供有力的保障。

在成本管理与控制和企业战略的协同作用中，企业应当充分认识到成本控制的重要性，并将成本控制目标纳入企业战略规划的重要组成部分。在制定战略规划时，企业需要综合考虑市场环境、企业资源和成本控制的实际需求，确保成本控制目标与战略目标的一致性和协调性。明

确的成本控制目标和有效的成本控制机制，可以为企业实现战略目标提供有力的支撑，同时为企业的长期发展奠定坚实的基础。

成本管理与控制目标的设定和实施不仅仅是企业内部管理的需求，更是企业在面对外部竞争压力的情况下实现战略目标的重要手段。通过有效的成本管理与控制，企业可以提高资源利用效率，降低不必要的成本支出，创造更多的价值。成本控制还可以帮助企业发现和利用成本优势，为企业在激烈的市场竞争中占得有利位置。这种成本管理与控制和企业战略的协同作用，不仅可以为企业提供明确的发展方向，还可以为企业的持续改进和长期发展提供有力的支撑。通过构建有效的成本信息系统和优化成本控制流程，企业可以确保成本控制目标的准确传递和有效实施。这种系统性的成本管理与控制方法，可以使企业在实现战略目标的过程中，确保成本的合理控制和有效利用，获得长期发展的强有力的支撑。在这个过程中，企业不仅可以实现成本的有效控制，还可以通过持续的成本优化和效率提升，奠定长期发展的坚实基础。

二、战略决策与成本信息的协同

成本信息与战略决策之间的协同对于企业的战略实施具有不可忽视的重要性。成本信息为企业提供了决策所需的基础数据，有助于企业更好地理解其成本结构和运营效率，更好地进行战略决策。准确、及时的成本信息能够为企业战略的制定和执行提供关键的数据支持，使战略决策更加符合企业的实际运营状况和市场需求。

在战略决策过程中，成本信息的重要性不言而喻。企业通过分析成本信息，可以了解到自身的成本结构、成本水平以及成本控制的效果，这些信息对于战略决策的制定具有重要的参考价值。例如，通过分析成本信息，企业可以确定自身的成本优势和劣势，从而更科学地进行战略决策。成本信息还可以帮助企业发现成本控制中存在的问题和改进的机会。此外，成本信息不仅可以为战略决策的制定提供支持，还可以为战略决策的执行提供反馈。通过对成本信息的实时监控和分析，企业可以及时发现战略执行过程中存在的问题，及时进行措施的调整。例如，如果战略执行过程中出现了成本超支的情况，通过分析成本信息，企业可以及时发现问题的根源，从而采取相应的措施来纠正问题，来确保战略的顺利实施。

在市场环境不断变化的情况下，成本信息的准确性和及时性对于企业战略的调整具有关键的影响。成本信息可以为企业提供市场变化的反馈，帮助企业及时调整战略，以适应市场的变化。通过持续优化成本控制流程和提高成本信息的准确性，企业可以确保战略决策的有效性，获得战略实施的有力支撑。

通过构建有效的成本信息系统和优化成本控制流程，企业可以确保成本信息的准确传递和有效利用，而这可以为企业的战略决策和长期发展提供强有力的支撑。

三、战略成本管理的应用

战略成本管理的应用表现为成本管理与企业战略的紧密结合，它不仅仅是对成本的追踪和控制，而是从战略高度出发，通过成本管理来促进企业战略目标的实现。战略成本管理已经成为企业获取竞争优势、实现战略目标的重要工具。通过战略成本管理，企业能够在战略层面上分析和控制成本，以实现企业的战略目标。

例如，价值链分析能够帮助企业识别在创建价值过程中的关键成本驱动因素，并通过优化这些成本驱动因素来实现成本优势。具体来说，通过价值链分析，企业可以发现其核心竞争力所在，识别成本控制的重点和优化的方向。价值链分析还可以帮助企业发现潜在的成本节约机会，通过优化价值链的各个环节，实现成本的降低和效率的提高。

战略成本管理不仅仅局限于成本控制，还包括成本计算、成本分析和成本优化等多个方面。通过战略成本管理，企业可以更好地理解自身的成本结构，更好地进行战略决策。战略成本管理还可以为企业战略的执行提供反馈，帮助企业及时调整战略，以适应市场的变化。例如，通过成本效益分析，企业可以评估其战略决策的成效，获得战略优化的依据。战略成本管理的实施需要企业建立一套有效的成本管理体系和流程。通过这些体系和流程，企业可以确保成本信息的准确传递和有效利用，而这可以为战略决策提供有力的支持。战略成本管理还需企业不断地学习和改进，进行持续的成本优化和效率提高，以促进企业战略目标的持续实现。在这个过程中，企业需要不断地反思和优化其成本管理体系和流程，以确保战略成本管理的有效性和实效性。

四、成本控制与资源配置的协同

成本控制与资源配置的协同，表现为企业通过有效的成本控制，合理地分配和利用资源，以支持企业战略目标的实现。在企业管理活动中，成本控制与资源配置是相互影响、相互制约的。通过成本控制，企业能够确保资源被分配到最重要的战略项目和领域，从而提高企业战略实施的效率和效果。

成本控制作为企业管理的重要组成部分，其重要性不言而喻。企业通过有效的成本控制，可以实现资源的合理配置，避免资源的浪费，提高资源利用效率。资源配置也是企业战略实施的基础。只有通过合理的资源配置，企业才能够确保战略目标的顺利实现。而成本控制正是实现资源合理配置的重要手段，它能够为资源配置提供有效的指导和支持。

在战略目标的指导下，成本控制与资源配置的协同能够帮助企业更好地实现战略目标。企业通过成本控制，可以实现成本的减少和效率的提高，而这些是战略目标实现的有利条件。通过合理的资源配置，企业能够保证战略目标的顺利实现，促进企业的长期发展。企业需要构建一套有效的成本控制与资源配置体系，以支持战略目标的实现。这套体系应该包括明确的成本控制目标、有效的成本控制方法、合理的资源配置机制等。通过这套体系，企业能够实现成本的有效控制，确保资源被合理配置，从而提高企业战略实施的效率和效果。企业还需要建立一套有效的监控和评价机制，以确保成本控制与资源配置的效果，为企业战略目标的实现提供持续的支持。

成本控制与资源配置的协同不仅仅是企业战略实施的需要，更是企业持续改进和发展的基础。通过有效的成本控制与资源配置，企业能够更好地实现战略目标和持续发展。成本控制与资源配置的协同能够为企业的持续改进提供支持，帮助企业不断优化成本结构，提高资源利用效率，为企业的长期发展提供强有力的支持。在这个过程中，企业需要不断地学习和改进，以确保成本控制与资源配置的协同效果。

五、成本管理与控制的持续改进和战略调整的协同

在企业运营过程中，成本管理与控制的持续改进和战略调整的协同作用表现为一个动态、互为影响的过程。通过成本管理与控制的持续改进，企业可以不断优化其成本结构，提高成本效益，获得战略实施的有力支持。成本控制的持续改进也可以为企业战略的调整提供依据和支持，帮助企业及时发现和纠正战略执行中存在的问题，从而提高企业战略实施的效果。

成本管理与控制的持续改进是企业追求效率和效益的重要手段。通过对成本管理与控制过程的持续改进，企业可以实现成本结构的优化，提高成本效益，获得战略实施的有力支持。成本管理与控制的持续改进包括成本计算的准确性、成本数据的及时性和完整性、成本控制的效果等方面的改进。通过这些方面的改进，企业能够实现成本的有效控制，提高成本效益，获得战略实施的有力支持。

战略调整是企业应对内外部环境变化的重要手段。通过战略调整，企业可以及时发现和纠正战略执行中存在的问题，提高战略实施的效果。例如，通过成本分析，企业可以发现某些产品的成本过高，从而对产品

结构和生产过程进行调整，来降低成本、提高效率。

成本管理与控制和企业战略的协同作用表现为两者之间的相互影响和相互支持。成本管理与控制的持续改进，可以为企业战略实施提供有力的支持。而通过战略调整，企业可以提高成本控制的效果，明确成本管理与控制的改进方向。这种协同作用不仅可以提高企业战略实施的效果，还可以为企业的持续改进和长期发展提供支持。

第三节 优化成本管理与控制以支持企业战略

在企业战略实施的过程中，成本管理与控制的优化具有至关重要的意义。有效的成本管理与控制不仅能够帮助企业实现成本节约，提高经营效率，而且能够为企业战略的实施提供有力的支持

一、成本控制体系的建立与完善

对于企业来说，成本控制体系的建立与完善不仅仅是一种管理手段，更是一种战略资源，能够在竞争激烈的市场环境中为企业带来核心竞争力。企业在构建成本控制体系时，需要基于自身的战略目标，确保成本控制活动与战略目标的高度一致，以为战略的实施提供坚实的支持。

在构建成本控制体系时，企业需要综合考虑自身所处的行业特点、市场环境、内部资源和能力等多个因素，确保成本控制体系与企业战略的紧密结合。这意味着成本控制体系不能仅仅停留在传统的财务成本管理层面，更要从全面的、战略的视角出发，对成本的各个环节进行优化和管理。这包括对原材料采购、生产制造、产品销售等环节的成本进行精细化管理，以及对企业内部流程、组织结构、人力资源等方面的成本进行优化。通过这样全面的成本控制，企业能够在保持竞争优势的同时实现资源的有效利用和成本的最低化。

成本控制体系完善的一个重要方面是对成本信息的准确把握和运用。

第八章 成本管理与控制和企业战略的协同及未来发展趋势

企业需要建立一套完善的成本信息系统，来确保成本数据的准确性和时效性。企业还需要对成本信息进行深入分析，找出成本控制的重点和潜在的节约空间，来为战略决策提供科学依据。在这个过程中，企业还需要建立一套有效的成本控制机制，通过激励与约束相结合，推动全员参与成本管理，形成强大的成本控制氛围。企业在优化成本管理与控制的过程中，还需要注重创新和持续改进。这要求企业不断引入先进的成本管理理念和方法，提高成本控制的精确性和科学性。企业还需要根据市场环境的变化和自身发展的需要，不断调整和优化成本控制体系，确保其始终处于最佳状态，以为战略实施提供有力的支持。

二、成本信息系统的优化

在现代企业管理中，成本信息系统发挥着至关重要的作用，它通过对企业各项成本数据的收集、处理和分析，为企业的战略决策提供重要的信息支持。因此，优化成本信息系统，确保成本信息的准确性和及时性，对于提升企业的竞争力和实现战略目标具有重要意义。

成本信息系统的优化需要企业运用先进的信息技术和管理理念，对传统的成本计算和分析方法进行革新。例如，企业资源计划系统作为一种集成了财务管理、物料管理、生产管理等多个功能模块的管理信息系统，能够实现企业内部信息的一体化管理，提高成本信息处理的效率和准确性。通过企业资源计划系统，企业能够实时准确地获取成本数据，对成本结构进行深入分析，找出成本控制的重点和潜在节约空间，获得战略决策的科学依据。

优化成本信息系统还需要企业注重成本数据的质量管理。这包括对成本数据的来源、收集、处理和存储等各个环节进行严格控制，确保成本数据的准确性和完整性。企业需建立一套完善的成本数据审核和验证机制，对成本数据进行定期检查和维护，及时发现和纠正数据错误，确保成本信息的可靠性。

除对成本信息系统进行技术层面的优化外，企业还需要在管理层面进行创新。这要求企业建立一套科学的成本管理与控制体系，明确成本控制的目标和责任，制定切实可行的成本控制措施。企业还需要对成本管理与控制的效果进行定期评估，找出存在的问题，及时进行调整和优化。通过这样的管理创新，企业能够提高成本信息系统的使用效果，更好地进行战略决策。

三、战略成本分析与管理

战略成本分析与管理在现代企业管理中占据着举足轻重的地位，它通过将成本管理与企业战略紧密结合，帮助企业在战略层面上深刻理解和有效控制成本，为实现战略目标提供坚实的支持。在这个过程中，价值链分析作为一种重要的工具，能够帮助企业识别和优化价值链各环节中的成本，从而实现成本的持续优化和竞争优势的构建。

战略成本分析与管理要求企业从整体和战略的高度出发，对成本的产生、分配和控制等环节进行全面审视和分析。这不仅包括对直接成本如原材料采购、生产制造等环节的成本进行管理，还包括对间接成本如研发、市场营销、服务等环节的成本进行优化。通过对这些成本的战略性分析和管理，企业能够找出成本控制的重点和潜在的节约空间，明确提升成本效率和实现成本优势的方向。

在实施战略成本分析与管理的过程中，企业需要运用多种分析工具和方法，如价值链分析、成本驱动因素分析、目标成本法等，对成本的结构和动态变化进行深入研究。通过这些分析，企业能够识别出价值链中的关键活动和成本驱动因素，找出成本优化的机会和潜在的风险点，获得制定成本控制策略和实施成本管理的科学依据。

为了确保战略成本分析与管理的有效实施，企业需要建立一套完善的成本管理体系和机制。这包括对成本责任的明确划分、成本预算的科学制定、成本绩效的定期评估等方面。通过这些管理措施，企业能够确保成本控制活动与战略目标的一致性,从而提升成本管理的效果。

四、成本控制流程的持续改进

成本控制流程的持续改进在企业管理实践中扮演着至关重要的角色,它关乎企业能否在激烈的市场竞争中保持竞争优势,实现可持续发展。通过不断地优化成本结构,提升成本控制的效果,企业能够降低运营成本,提高资源利用效率,从而在市场上获得更大的竞争优势和发展空间。为了实现成本控制流程的持续改进,企业需要引入先进的管理理念和方法。例如,全面成本管理依据现代企业成本运动规律,以优化成本投入、改善成本结构、规避成本风险为主要目的,对企业经营管理活动实行全过程、全员、全方位的管理。企业在引入管理理念和方法时,需要结合自身的实际情况进行选择,以确保其能够真正发挥作用。

成本控制流程的持续改进需要建立在科学的数据分析基础之上。通过建立和完善成本信息系统,企业能够及时、准确地获取成本数据,获得成本控制流程改进的数据依据。企业还需要对成本数据进行深入分析,以识别成本控制的关键环节和潜在的节约空间,制定针对性的改进措施。

成本控制流程的持续改进还需要企业建立一套完善的激励和约束机制。通过对员工的成本控制绩效进行评估和激励,企业能够调动员工的积极性,推动成本控制流程的持续改进。企业还需要对成本控制流程的改进效果进行定期评估,及时发现和纠正存在的问题,以确保成本控制流程处于良好状态。

第四节 成本管理与控制的未来发展趋势

随着全球经济的快速发展和企业竞争环境的不断变化,管理会计的重要性日益凸显。在未来,成本管理与控制将面临许多新的发展趋势和挑战。

一、数字化和自动化

在管理会计领域,成本管理与控制一直是核心内容之一,而随着数字技术的飞速发展,特别是大数据、人工智能等先进技术的广泛应用,成本管理与控制正经历着前所未有的变革。数字化和自动化技术的引入,不仅能提升数据处理的效率,还为成本信息的精准分析和战略决策提供了可能。

在数字化时代,数据成了企业最宝贵的资源之一。通过数字技术,企业能够实时收集来自各个业务环节的大量成本数据,这些数据经过自动化处理和分析后,能够为企业提供全面、准确、及时的成本信息。这不仅能提升成本信息的可用性,还能缩短决策周期,使企业能够快速响应市场变化,保持竞争优势。

自动化技术的应用更是将成本管理与控制推向了一个新的高度。传统的成本管理往往依赖于人工的数据录入和处理,不仅效率低下,而且容易出现错误。自动化技术的引入,可以使数据的收集和处理过程实现自动化,大大提高数据处理的准确性和效率。更为重要的是,自动化技术使成本管理与控制可以实现实时监控,这样一来,通过设置预警机制,企业能够在成本超出控制范围之前及时采取措施,从而有效避免成本的失控。

随着人工智能技术的不断成熟,未来成本管理与控制将更加智能化。人工智能技术能够对大量复杂的成本数据进行深度学习和分析,挖掘数据背后的规律和趋势,为企业提供更为科学的决策依据。人工智能技术还能够模拟专家的决策过程,对成本管理与控制提出优化建议,实现成本管理与控制的智能优化。

二、战略成本管理

在复杂多变的经营环境下,战略成本管理成为企业巩固竞争优势实现可持续发展的关键工具之一。这种管理方法超越了传统成本管理的范畴,强调将成本管理与企业战略紧密结合,从而在宏观层面上把握成本控制的方向,为企业的长远发展提供有力支持。

战略成本管理的核心在于深刻理解成本与企业战略之间的内在联系,通过对企业整体价值链的分析,识别出创造价值和消耗成本的关键环节,进而对这些环节实施有效的成本控制和优化。这要求企业在制定和实施战略规划时,充分考虑成本因素,确保成本控制目标与战略目标的一致性,从而在提升竞争力的同时实现成本的最优化。战略成本管理还强调对外部环境的敏感性,企业需要不断扫描和分析外部环境中的变化,评估这些变化对成本结构和成本控制的影响,及时调整成本管理策略,以适应外部环境的变化。这不仅要求企业具备强大的信息收集和分析能力,还要求企业能够在战略层面上做出快速而准确的决策。

随着全球经济一体化的深入发展和科技创新的不断推进,战略成本管理将面临新的机遇和挑战。企业需要不断创新成本管理理念和方法,加强对全球价值链的分析和优化,提升成本控制的灵活性和效果。企业还需要加强内部管理,优化组织结构和流程,提升成本管理的效率。

三、环境、社会和治理因素的整合

随着人们对可持续发展的日益重视,环境、社会和治理因素在成本管理与控制中的作用日益凸显。企业为响应社会责任的呼吁、推动可持续发展,应将环境、社会和治理因素纳入成本管理与控制体系,以确保在追求经济效益的也能够兼顾环境保护和社会责任。

整合环境、社会和治理因素的成本管理与控制,要求企业在成本决策中考虑环境保护、社会公正和良好治理的要求。这意味着企业在评估成本和效益时,不能仅仅关注短期的经济回报,还应考虑到活动对环境和社会的长期影响。通过绿色成本管理,企业可以识别与环境相关的成本,如排放费用、废物处理费用等,并通过优化生产流程、提升资源利用效率等措施,实现环境成本的减少和企业绿色发展。

整合环境、社会和治理因素的成本管理与控制也要求企业建立健全的治理结构,确保决策过程的透明和公正。良好的企业治理能够提升企业的内部控制水平,降低运营风险,优化资源配置,从而在降低成本的同时提升企业的市场竞争力。

将环境、社会和治理因素纳入成本管理与控制体系,还能够帮助企业赢得消费者和投资者的信任,提升企业的社会形象和市场价值。在消费者日益关注企业社会责任的今天,企业通过实施绿色和负责任的成本管理,不仅能够减少对环境的负担,还能够吸引更多的消费者,扩大市场份额。

四、持续改进和学习

在动态且充满不确定性的市场环境中,持续改进和学习成为企业维持和增强成本管理与控制竞争优势的关键因素之一。企业可以通过不断的自我完善和知识更新,来适应市场的变化,提升成本管理与控制的有效性,进而支撑企业的持续发展。

持续改进的核心在于不断对现有成本管理与控制流程进行评估和优化,通过识别和改进流程中的浪费和低效环节,实现成本的降低和效率的提升。这一过程需要企业建立一套科学的评估和反馈机制,以确保能够及时发现成本管理和控制中存在的问题,并及时采取有效措施进行改进。

持续学习则能为企业的持续改进提供知识和能力上的支持。在知识更新速度日益加快的今天,企业和员工要具备持续学习的能力,不断吸收和运用新的知识和技能,以适应成本管理与控制的新要求。这不仅包括对市场变化的敏感性和应对能力的提升,还包括对新兴技术和工具的掌握和应用,如大数据、人工智能等。

参考文献

[1] 孙述威. 管理会计 [M]. 北京：北京理工大学出版社，2021.

[2] 邹丽，伍丽雅. 管理会计 [M]. 重庆：重庆大学出版社，2020.

[3] 李冰，张显瑞. 管理会计 [M]. 长春：吉林人民出版社，2020.

[4] 钱逢胜. 管理会计 [M]. 上海：上海财经大学出版社，2016.

[5] 王桂华，李玉华. 管理会计 [M]. 北京：北京理工大学出版社，2019.

[6] 刘萍，于树彬，洪富艳. 管理会计 [M]. 沈阳：东北财经大学出版社，2019.

[7] 刘晓峰，崔琳. 管理会计 [M]. 北京：原子能出版社，2019.

[8] 杜盼盼，王武蓉，王亚楠. 管理会计 [M]. 南昌：江西高校出版社，2019.

[9] 肖康元. 管理会计 [M]. 上海：上海交通大学出版社，2018.

[10] 蔡维灿. 管理会计 [M]. 北京：北京理工大学出版社，2018.

[11] 汉森，莫温. 成本管理：会计与控制 [M]. 2版. 沈阳：东北财经大学出版社，1998.

[12] 盛天松. 成本管理会计理论与实践 [M]. 长春：吉林人民出版社，2021.

[13] 周一虹，李宪琛. 成本分析与控制 [M]. 北京：人民邮电出版社，2023.

[14] 侯丽平，李友林. 管理会计 [M]. 北京：中国经济出版社，2007.

[15] 郭少东，涂利平，张沫亮. 管理会计 [M]. 重庆：重庆大学出版社，2004.

[16] 周瑜，申大方. 管理会计 [M]. 北京：北京理工大学出版社，2018.

[17] 梁丽萍. 管理会计 [M]. 郑州：河南人民出版社，1994.

[18] 杜炜，祝建军. 管理会计 [M]. 武汉：武汉大学出版社，2007.

[19] 杨继良. 管理会计 [M]. 杭州：浙江人民出版社，1981.

[20] 杨茅甄. 管理会计 [M]. 上海：上海财经大学出版社，2015.

[21] 冯素萍. 品牌服装企业成本管理和控制探讨 [J]. 商讯，2023（6）：88-91.

[22] 李升龙. 探讨管理会计视角下企业成本控制与管理 [J]. 商场现代化，2023（2）：123-125.

[23] 蔡丽. 浅析管理会计视角下制造企业成本管理与控制 [J]. 商业2.0，2023（3）：16-18.

[24] 晏娟. 管理会计视角下企业成本管理与控制 [J]. 会计师，2022（22）：50-52.

[25] 祁旖旎. 煤炭企业成本管控中管理会计的应用分析 [J]. 财会学习，2022（24）：92-94.

[26] 靳长英. 管理会计视角下制造企业成本管理与控制探讨 [J]. 质量与市场，2022（1）：112-114.

[27] 牛富贤. 探讨企业财务成本管理问题及其对策实践 [J]. 中国市场，2021（34）：159-160.

[28] 王奕欢. 成本管理在企业经济结构调整中的战略决策：评《成本管理会计理论与实践》[J]. 热带作物学报，2021，42（11）：3429.

[29] 于芳. 管理会计视角下制造企业产品成本管理与控制探讨 [J]. 中国中小企业，2021（7）：120-121.

[30] 伍维萍. 管理会计目标成本法在企业管理中的应用 [J]. 企业改革与管理，2021（5）：197-198.

[31] 梁晶. 管理会计视角下企业成本控制与管理 [J]. 当代会计，2020（22）：115-117.

[32] 张秋扬. 管理会计视角下制造企业产品成本管理与控制研究 [J]. 中国总会计师，2020（2）：24-25.

[33] 徐元元. 中国医学科学院肿瘤医院管理会计创新实践 [J]. 中国管理会计，2019（4）：66-83.

[34] 刘怀建.管理会计工具在企业成本费用管理中的应用[J].营销界，2019（35）：262，264.

[35] 赵秦.管理会计应用指引指导企业成本管理[J].经贸实践，2018（13）：108.

[36] 毛启朋.管理会计在工业企业成本管理中的应用[J].企业改革与管理，2018（7）：127，144.

[37] 任晓鸽，李谦.交易成本视角下的成本控制研究[J].新会计，2015（10）：20-22.

[38] 陈辉宇.新常态形势下我国煤炭企业成本管理的对策建议[J].中国市场，2015（30）：254-255.

[39] 高玉莲.对管理会计的两个评价[J].内蒙古石油化工，2005（4）：54.

[40] 李润华.论成本管理会计的现行环境及变革与拓展[J].财会研究，2002（7）：52-53.

[41] 周文雪.管理会计在我国高校成本管理中的应用分析[J].产业与科技论坛，2022，21（11）：287-288.

[42] 禹治.煤炭企业目标成本管理体系研究：以J公司为例[J].中国集体经济，2022（13）：67-69.

[43] 卢璐，郝素慧.对以作业成本为基础的成本管理会计体系的构想[J].老字号品牌营销，2022（8）：134-136.

[44] 谢少清.管理会计视角下企业成本控制与管理研究[J].财会学习，2020（27）：104-105.

[45] 黄春维.成本标准制在公交企业成本管理中应用的探索：以Z市公共交通集团有限公司为例[J].当代会计，2020（17）：124-126.

[46] 扈菲菲，景孟颖.基于目标成本管理视角下的成本控制研究[J].会计师，2020（15）：37-38.

[47] 王传秋.企业核算型会计向管理型会计的转化对策探析[J].商讯，2020（12）：45，47.

[48] 谢敏华.基于"黄金三角"理论探讨内部控制与管理会计的整合[J].行政事业资产与财务，2020（5）：81-83.

[49] 李传智. 管理会计工具在企业成本控制中的应用策略分析[J]. 当代会计, 2019（14）：41-42.

[50] 吴春生. 浅论管理会计在项目成本管理中的应用[J]. 纳税, 2019, 13（15）：93, 96.

[51] 卢建红. 完善管理会计在企业的应用[J]. 国际商务财会, 2019（4）：69-76.

[52] 宋永智. 管理会计在我国高校成本管理中的应用研究[J]. 中国总会计师, 2017（11）：132-134.

[53] 温素彬, 陈晨, 薛斌. 全面成本管理及其在OTC公司的应用[J]. 会计之友, 2017（7）：134-137.

[54] 王超, 李文, 孙媛. 新医改对公立医院财务的影响及对策[J]. 财务与金融, 2016（6）：53-55.

[55] 郭胜男. 战略成本管理在制造企业中的应用研究[J]. 企业技术开发, 2016, 35（26）：100-101, 117.

[56] 赫艳辉. 管理会计在事业单位应用的现状及具体措施[J]. 中外企业家, 2015（16）：271.

[57] 张文武. 试论管理会计工具在企业成本费用管理中的运用[J]. 时代金融, 2015（5）：255, 258.

[58] 李崑. 浅谈战略成本策略[J]. 财政监督, 2011（11）：22-23.

[59] 吴丽君. 管理会计在营销成本管理中的应用[J]. 中小企业管理与科技（上旬刊）, 2010（9）：86.

[60] 罗茜. 基于目标成本管理的H公司成本控制研究[D]. 广州：华南理工大学, 2020.

[61] 林欣俐. 管理会计在邮政企业成本控制中的应用研究[D]. 重庆：重庆师范大学, 2019.

[62] 张文武. 管理会计工具在企业成本费用管理中的运用[D]. 上海：上海交通大学, 2017.

[63] 宣海宁. A电器股份有限公司营销成本管理分析与对策研究[D]. 长沙：长沙理工大学, 2016.

[64] 孟祥伟. 基于作业成本法的物流成本管理会计体系设计 [D]. 秦皇岛：燕山大学，2010.

[65] 刘国娜. 企业战略成本管理与应用研究 [D]. 北京：对外经济贸易大学，2007.